Victoria Díaz
Rodríguez
3º sC

ALERTA ROJA

gran angular

Carlos Puerto

Un frío viento del infierno

sm

Primera edición: octubre 1997
Tercera edición: noviembre 2000
Cuarta edición: octubre 2001

Dirección editorial: María Jesús Gil Iglesias
Colección coordinada por M.ª Carmen Díaz-Villarejo
Imagen de cubierta: Nick Vaccaro / PHOTONICA-COVER
Diseño de cubierta: Estudio SM

Joaquín Turina, 39 - 28044 Madrid

Comercializa: CESMA, SA - Aguacate, 43 - 28044 Madrid

ISBN: 84-348-5676-X
Depósito legal: M-34113-2001
Preimpresión: Grafilia, SL
Impreso en España/*Printed in Spain*
Imprenta SM - Joaquín Turina, 39 - 28044 Madrid

Para NAZARETH,
que sabe demostrar el cariño.

«El ser humano es un abismo.
Me da vértigo cuando lo miro.»

Georg BUCHNER

PRIMERA PARTE

EL FRÍO VIENTO

1 *Manu*

—Si es cierto que Eva anda con un asqueroso negro, en cuanto los pille juntos los mato —dijo Manu golpeando la mesa con su puño americano de acero.

—Tú di lo que quieras, pero mientras tanto le estará metiendo mano a tu hermana —empezó a decir Wotan mostrando unos dientes sucios que no podía limpiar a pesar de todo el chicle que masticaba sin parar.

Manu le cogió del cuello y, obligándole a aproximar sus rostros, le propinó un rodillazo en los testículos.

—A mi hermana ni mentarla, ¿comprendes? —Como el otro, dolorido y medio asfixiado, no podía hablar, insistió—: ¿Comprendes?

Wotan asintió con la cabeza antes de decir, entre toses:

—Perdona, macho; yo sólo quería decir...

—Pues di lo que quieras, pero de tu santa madre.

Manu lo arrojó lejos, ante la mirada de Águila Juan y de Teo, que habían asistido a la escena con total indiferencia el primero, y como si se tratase de una clase de aprendizaje, el segundo.

En su cabeza, por culpa del compañero, había comenzado a soplar el siroco. Era un viento que Manu conocía perfectamente y que, una vez desencadenado, no sabía exactamente cómo detener.

Le molestaba que fuera Wotan quien lo provocara, era indigno, despreciable.

Manu se lavó las manos en el grifo de la fuente pública y, tras empaparse la cara, se las pasó por su cabeza rapada. Le gustaba esa sensación, salvaje y voluptuosa.

Sabía que una de las mejores cosas que había hecho en su vida era la de afeitarse la cabeza, aunque le jodía que un niñato futbolista del Barça hubiera implantado esta moda entre otros jugadores y entre los que no lo eran, minimizando de esta forma algo tan serio para él. Todo un símbolo.

Wotan bebió unos buches, aclarando la garganta y escupiendo lo más lejos posible. Águila Juan se limpió las uñas con la navaja. Teo, el más pequeño del grupo, quince años apenas cumplidos, repitió gesto por gesto lo que había hecho Manu. Luego cerró la llave del grifo.

—¿Por qué la cierras? —preguntó Manu mirando al alevín con ojos todavía furiosos por la noticia recibida y el encontronazo con uno de sus compañeros.

Porque fuera o no fuera compañero, Manu le despreciaba. Águila Juan era un «puro», alguien que creía en lo que hacía. Y Teo una especie de sucesor, que le admiraba, le seguía y le intentaba imitar hasta en la más pequeña de sus actitudes. Pero Wotan, utilizando aquel ridículo nombre de leyenda con el que intentaba ocultar el suyo propio, era casi tan escoria como los negros, maricones y judíos a los que buscaban y atizaban cuando salían de caza.

—¿Por qué la cierras? —insistió.

—El agua... —empezó a decir Teo.

—Mira lo que yo hago con el agua.

Una patada bastó. Sus botas militares eran fuertes y estaban rematadas por una puntera metálica. El grifo entero saltó por los aires y el chorro brotó sin contención.

Unos transeúntes que vieron la escena se alejaron lo más rápidamente posible de la fuente para no tener que enfrentarse con Manu y los suyos.

Hacía un frío espantoso. Cuando hablaban, las palabras se convertían en vaho, y el vaho en diminutas cristalizaciones de hielo.

—Vamos a tomar algo.

Avanzaron por las calles como siempre, en formación: de cuatro en fondo. De esta forma hacían un barrido de transeúntes que se veían forzados a apartarse si no querían bronca.

Manu, indignado por la noticia que le había dado Wotan, estaba deseando que alguno de aquellos con los que se cruzaba protestase por su avasallamiento. Ésa sería la señal para machacarle, pensando que aplastaba los sesos de un judío, de un asqueroso moro, o de un travesti de mierda.

Pero como hacía mucho frío, era bastante tarde y la calle no muy céntrica, apenas divisaron a unas pocas personas que, apresuradas, cruzaban de acera al verles llegar.

La Sangre del Poeta era su pub favorito. Aparentemente era un lugar de reunión de jóvenes de todas las tendencias, donde los jarros de cerveza se mezclaban con juegos de dardos. Pero luego, en la trastienda, había un saloncito presidido por una bandera que cubría toda la pared. Una bandera roja, blanca y negra, con un círculo en el centro en el que estaba dibujada una impresionante cruz gamada.

Águila Juan, cada vez que entraba en la trastienda, se cuadraba saludando militarmente con el brazo en alto, muy recto, los ojos medio entornados y la mandíbula apretada.

Wotan corría a beberse una cerveza, la enésima de la noche, y a buscar algún porro que otro.

Teo aguardaba a ver qué hacía Manu. Si éste, contagiado por el fervor de Águila Juan, se cuadraba, Teo también se cuadraba. Si por el contrario Manu se sentaba indolentemente, Teo se sentaba a su lado.

Pero aquella noche Manu no hizo ni lo uno ni lo otro. Tomó un vaso y lo apretó con fuerza hasta que saltó en mil pedazos.

Se cortó la palma de la mano y arrojó los restos a un rincón con desprecio.

Teo corrió a ayudarle, ofreciéndole un pañuelo con el que frenar la hemorragia, pañuelo que Manu anudó como pudo a su mano herida, rechazando cualquier otra colaboración de su alevín con una simple mirada.

—¿Cómo va lo del partido? —preguntó Águila Juan contemplando a todos los allí reunidos como si en realidad estuviera pasando revista a la tropa.

—Todavía dudan —dijo uno que llevaba en el brazo izquierdo un tatuaje representando un haz de flechas atravesadas por un yugo—, pero aceptarán, acabarán aceptando.

—Nos necesitan —dijo Wotan eructando—. Para darles a los catalanes lo que se merecen, nos necesitan.

—¿Y si ganamos nosotros? —aventuró uno que cubría sus ojos con gafas oscuras a pesar de que era de noche y estaban en un local cerrado.

—¿Y qué nos importa quién gane? —interrumpió Manu blandiendo su puño americano de acero como si fuera una prolongación de su mano—. Si ganamos, lo celebramos, si perdemos, nos vengamos; siempre hay motivo para enseñarles a hablar español a esos culés de mierda.

Teo estuvo a punto de interrumpir formulando en voz alta la pregunta que acababa de ocurrírsele: «¿Y si hay empate?». Pero sabía que allí lo de menos era el fútbol. Que lo importante era mezclarse con los aficionados más forofos, los Ultra Sur, y luego, a la salida del estadio, utilizar las porras, las cadenas, la puntera de sus botas. Cuanto más escandaloso fuera el resultado del marcador, mejor para todos. Entre la euforia de unos y la decepción de los otros, estaban ellos.

Manu jugueteó por unos momentos con el colgante que llevaba al cuello: una Cruz de Hierro nazi que le había comprado en El Rastro a Walter, un antiguo oficial de las SS que vivía en España desde la finalización de la Segunda Guerra Mundial. Tenía cerca de ochenta años, pero cada vez que Manu o alguno de los suyos iban a visitarlo rejuvenecía. Sobre todo le gustaba ver a Águila Juan, porque en él veía al teórico del grupo; solía decir que lo que les diferenciaba de las otras tribus urbanas es que ellos poseían una sólida ideología.

Pero a Walter también le gustaba Manu, tan violento como cerebral, la mejor levadura para un oficial nacionalsocialista.

—No saben si darnos entradas como a los Ultra Sur para que pasemos, o que vigilemos desde fuera.

—¿Quieren dejarnos fuera? —protestó Wotan—. Para calentarnos tenemos que ver el partido.

—Tú para calentarte no necesitas ni mucho menos ver un partido —le dijo Manu, que aún no le perdonaba el comentario que había hecho sobre su hermana Eva—. Bebe y calla.

El verdadero nombre de su hermana era Evangelina, aunque todos la llamaban Eva. Sabía que gustaba a los chicos y por ese motivo él siempre había tenido que estar en guardia. Su hermana no podía ser para cualquiera, para eso estaba él. No quería que acabara como su madre, a la que hacía años que no veía, de la que recibían a través de sus tíos el dinero suficiente para subsistir en el infierno de la gran ciudad.

Eva tenía las piernas largas y la piel muy blanca, con doradas pecas en las mejillas.

Manu odiaba el verano porque su hermana se ponía minifalda y todo el mundo podía ver sus muslos. Afortunadamente ahora era invierno, un invierno frío y crudo como no se recordaba en mucho tiempo. Eva se cubría como un esquimal con su parka azul marino. Eso estaba bien. Pero decían que ahora andaba con un negro, un moro o algo así. Eso estaba mal. Y si la cosa iba en serio, iba a estar mucho peor que mal.

Eva tenía los ojos de un color indefinido, que cambiaba como la superficie del mar, unas veces hacia el azul, otras hacia el verde. Y sus manos...

Manu apartó de su cabeza estas imágenes que estaban bien para otras chicas como esas con las que solía pasar unas horas. Pero su hermana no era así. Seguramente era mentira eso de que estaba con un negro, una sucia mentira de Wotan para joderle. Pero suponiendo que fuera verdad —¡maldita sea!, ¿por qué iba a serlo?, ¿por qué su hermana?, ¿por qué precisamente Eva?—, la culpa sería del negro.

Sólo de pensar en las sucias manos de aquel individuo acariciando la piel de su hermana, Manu sentía que las tripas se le revolvían y tenía ganas de ir en busca de alguien al que machacar los sesos.

—¿Nos vamos?

Teo se puso en pie como un resorte, a su lado, dispuesto a seguirle a donde hiciera falta.

—No hemos hecho más que llegar —se quejó Wotan, aspirando el humo del porro que acababa de encender.

Manu ignoró a Wotan y miró a Águila Juan, que estaba dando unas indicaciones sobre el partido del próximo domingo.

—Cuando habléis con el presidente, decidle que nosotros nos podemos encargar del servicio de orden.

—¿Orden dentro del estadio?

—Claro, como siempre; luego, lo que pase fuera, les importa tres cojones.

Manu sonrió por primera vez aquella noche. Le agradaba la forma de pensar de su compañero. A éste le daba igual el fútbol y los jugadores, la Liga, la Copa o las competiciones europeas. A él lo que le gustaba era la estrategia, planificarlo todo como si estuviera en el campo de batalla y luego... ¡atacar!

Por eso su propuesta de dejar *La Sangre del Poeta* podía ser bien aceptada por Águila Juan. Una especie de entrenamiento para el domingo, una puesta a punto, un ensayo general.

La noche de Madrid era el mejor escenario para ese ensayo general.

—¿Nos vamos? —insistió.

Águila Juan captó el mensaje y asintió con la cabeza.

Tendrían que escarbar si querían sacar algo en claro. Porque en invierno los vicios de la ciudad quedaban más escondidos que en verano. Todo parecía ocultarse bajo las bufandas, abrigos o chupas. Todo se tapaba bajo el manto de la noche fría. Pero eso también tenía su encanto para los cazadores.

—¿Adónde vamos?

—Podemos ir a Costa Fleming —dijo Wotan pensando en las putas elegantes que siempre le habían atraído en las películas y con las que soñaba estar al menos una vez en su vida.

—Al Parque del Oeste —sentenció Águila Juan remangándose la camisa, dejando ver el tatuaje de un águila en cada brazo. Una era el águila del antiguo escudo de España, ahora prohibido por la cobarde democracia. La otra, con las alas rectas, la que llevaban los oficiales alemanes en sus uniformes; o algo parecido, porque ésta era un águila de dos cabezas.

La idea le gustó a Manu. Allí estaban aquellos seres que no eran ni hombres ni mujeres. Entonces, ¿qué eran? Para ellos no podía existir comprensión, ni misericordia, ni piedad. Un par de tiros en la cabeza desharían su duda.

¡La pistola! Lástima no haberla llevado esa noche tan fría. La tenía en casa, a buen recaudo, ni siquiera Eva lo sabía, bajo una baldosa del suelo del cuarto de baño, al lado del retrete, sobre la que descansaba la escobilla que nunca se utilizaba. Era una 9 mm *Parabellum,* del mismo tipo de las que usaban los etarras. Así, si había alguna investigación, siempre podrían echarles la culpa a esos hijos de puta que querían destrozar España. No tenía la pistola, pero sí el puño americano de acero. Con él, bien manejado, era posible romper un cráneo como si fuera una sandía. El puño americano de acero y la navaja.

—¡Al Parque del Oeste!

El coche, un Citroën de Águila Juan con más años que la tos, quedó con las puertas abiertas. ¿Quién se lo iba a robar? Además, lo necesitaban así por si tenían que darse a la fuga caso de que la caza fuera fructífera.

Pero el parque parecía desierto.

—Ya os dije que era mejor ir a Costa Fleming —dijo Wotan escupiendo uno de sus chicles y desenvolviendo el siguiente.

—¡Chist! —indicó Águila Juan como lo haría un ojeador en un campo de perdices.

Teo se pegó contra el tronco de un árbol sin perder de vista a Manu, que miraba hacia todos lados en busca de una buena presa.

Pero los travestis parecían haber detectado la llegada de la pandilla, porque bajo los árboles que miraban a la sierra de Madrid no quedaba más que el reflejo de las farolas en los charcos, que, a esas horas de la noche, empezaban a congelarse.

—Vamos a la Castellana —dijo Wotan, que tenía frío porque la cremallera de su chupa de cuero estaba rota y no podía cerrarla del todo.

—Están por aquí, los presiento —aseguró Águila Juan como lo haría un explorador que se adentrara en territorio apache. No hacía falta verles, ni oírles, ni siquiera percibir su empalagoso perfume pachulí para saber que no estaban lejos.

Manu se pasó la mano por la cabeza, que, curiosamente, no la tenía fría. Si estuviera a la misma temperatura que su furia interior, en lugar de cabeza parecería una olla sobre un fogón. Luego, llevó su mano al interior del bolsillo trasero de su pantalón negro. Sus dedos tropezaron con el duro contacto de la navaja barbera.

A otros les gustaban las navajas automáticas, que sacaban su punta al solo contacto de un botón. Incluso los había que preferían utilizar machetes de caza o bayonetas militares oxidadas y, en su opinión, poco manejables. Manu prefería utilizar la navaja barbera; no hacía ruido al abrirse, no hacía ruido al rasgar la carne. Zas, zas... La sangre brotaba a borbotones sin que la víctima ni siquiera se diera cuenta de que había sido herida. Esto le daba una buena ventaja en las peleas cuerpo a cuerpo, porque zas, zas, por aquí, zas, zas por allá, manejando la navaja como un pintor utilizaría un pincel, iba cortando a su contrincante en el brazo, en una pierna, en el costado..., y hasta que no lo hacía en la cara el otro apenas percibía que se estaba desangrando. Entonces es cuando Manu le miraba a los ojos, mientras el enemigo se llevaba la mano a las heridas y comprobaba que su sangre manaba por varias partes de su cuerpo; lo miraba a los ojos, sonreía y asestaba el corte final. Un dedo, si el contrario era poca cosa, se lo podía cortar de un hábil tajo. O la yugular, si el que tenía enfrente era uno de los enemigos de la sociedad.

Mientras avanzaban por el parque deslizando sus botas punteadas, evitando hacer ruido, Manu volvió a pensar en su hermana. Y en el sucio extranjero que podía estarla sobando. Para él utilizaría la navaja de otra forma: le cortaría los huevos y luego le obligaría a comérselos.

—¡Ahí están! —susurró Águila Juan remangándose aún más

la camisa, como para dejar al descubierto, a pesar del frío, las aves imperiales, una de ellas bicéfala, que adornaban su piel.

No eran travestis sino drogatas. Pero ellos también odiaban a los drogatas. Porque una cosa era fumar porros, como hacía Wotan o muchos otros cabezas rapadas, y otra muy diferente esnifar o inyectarse cocaína o caballo.

Decepcionado, Manu se dijo que no le apetecía utilizar su furia aquella noche contra drogatas agilipollados. Prefería alguien que les hiciera frente, que incluso se atreviera a desafiarles; o en el peor de los casos que les suplicara por su vida.

Pero un colgado sólo les miraría con ojos perdidos en el vacío mientras les propinaban las patadas.

—Busquemos mejor picadillo —dijo Manu guardando la navaja.

—Luego —afirmó Águila Juan—, después de que les demos a éstos la lección del día.

Para Águila Juan, los drogadictos eran escoria, quizás no tan marcada como lo eran los negros y los judíos, pero a fin de cuentas basura. Y él, por sus ideas puras e inmortales, no podía perdonar a los que impedían la formación de la fuerza nueva del mundo. Tenían que temerles, que respetarles, solía afirmar; sólo de esta forma volvería a sentirse el orgullo por la raza superior.

Para Manu aquello que iban a hacer era una pérdida de tiempo y de energías. Dos enganchados, abrigados como podían bajo harapos, encendiendo de mala manera la llama con la que licuar la droga, sólo eran caza menor. Conejos o codornices. Y él necesitaba aquella noche por lo menos un jabalí. O escuchar en su cabeza el soplo del siroco que, últimamente, sólo sentía cuando alguien le mentaba a su hermana.

Escuchó los golpes que propinaban sus amigos a la pareja de

drogatas. Golpes secos, como si estuvieran pateando un saco de arena.

Águila Juan sabía donde colocaba la puntera metálica de su bota, a Wotan le daba lo mismo el costado que la cabeza, las rodillas que las manos de las que habían soltado los utensilios para aplacar el mono de aquella noche.

También Teo había empezado a patear a los drogatas. Cuando se dio cuenta de que Manu no participaba, se dirigió a él.

—Me quedo contigo —dijo muy seguro de su decisión.

—No te necesito a mi lado —explotó Manu apartándole de un manotazo.

A Teo no pareció importarle la violencia de su amigo. Es más, admiraba aquella fortaleza suya, capaz de contenerse cuando la caza era tan insignificante.

Teo comprendía a Águila Juan y sus ideas, tan nobles como exigentes. Comprendía que Wotan era una bestia sin objetivos, que lo mismo estaba allí como podía estar de portero en una disco. Comprendía la decisión de Águila Juan de atacar a todo el mundo, y que la actitud de Wotan era consecuente con sus instintos. Pero sólo admiraba a Manu, que sabía estar al margen sin que nadie se atreviera a tacharle de cobarde. Bastantes veces había demostrado que no lo era, como aquella en que cogió a un guarda jurado, con porra y pistola, le arrinconó contra una verja y deslizó su navaja por todo su pecho hasta el ombligo. El guarda jurado, tan chulito hasta ese momento, tan arrogante y fanfarrón él, sólo de ver la sangre que le brotaba de la tripa como si fuera un cerdo en día de matanza, se desmayó.

—Ya está —dijo Águila Juan evitando que Wotan rematara a unos desdichados a los que el destino había arrastrado a la agonía.

—Y ahora, ¿qué? —preguntó Manu apretando los dientes. Sabía lo que le hubiera gustado hacer en aquellos momentos: ir a cualquier poblado en el que se congregasen los inmigrantes, marroquíes, dominicanos, cubanos del exilio, guineanos... Ir a su territorio y, mientras todos dormían, sacar su 9 mm *Parabellum* y disparar, disparar sobre ellos, disparar.

Manu notó que algo húmedo caía sobre su cabeza. Miró hacia el cielo negro y vio diminutas manchitas blancas que avanzaban hacia sus ojos.

Estaba comenzando a nevar.

2 *Eva*

SOLÍAS levantarte en pijama, sin cubrirte con una bata o un albornoz. Fuera invierno o verano salías de la cama por la mañana, muy temprano, en cuanto sonaba el despertador, sólo cubierto tu cuerpo casi adolescente por un camisón comprado en Pryca.

Después de ir al cuarto de baño, sentándote en la taza sin abrir casi los ojos, después de una ducha rápida, más rápida de lo que hubieras deseado, caliente si hacía frío, fría si hacía calor, antes de preparar el desayuno, te asomabas a la ventana. Siempre veías la misma calle. Tenía nombre de zarzuela, La Revoltosa, y no era precisamente de las más feas de tu barrio. Tampoco de las más bonitas, pero estaba cerca del paseo García Lorca, amplio, arbolado, donde solían abrir casetas cuando había alguna feria, del libro, de la patrona, de lo que fuera.

Te sentías a gusto en tu pequeña ciudad. Porque aunque muchos dijeran que aquello era un barrio marginal de Madrid, para ti, Eva, tu Vallecas era algo independiente, incluso del otro Vallecas del Puente, que sí que era un barrio y se veía obligado a tragar muchos marrones de los de la capital. Por eso, tu pequeña ciudad se llamaba, para distinguirse, Vallecas Villa.

Allí era diferente, más lejos, pero también más independiente, más acogedor, con muchas familias jóvenes, alejadas del centro por la carestía de las viviendas; o sencillamente insertadas en aquel rincón de la comunidad central porque no habían encontrado la llave que abriera la puerta de salida.

Pero tú no te conformabas con buscar esa llave mágica, sino que estabas empeñada en fabricarla.

Te levantabas temprano, muy temprano, en invierno cuando aún no era de día, y te acostabas horas y horas después. Primero estudiabas lo que habías dejado pendiente la noche anterior. Luego ibas al supermercado, de cajera, ocho, diez horas de cajera, todos los días, menos los que librabas, y seguías estudiando. Y por las tardes, durante todo el año, ibas a clase.

Aprendiste a descubrir que el mundo no empezaba, ni mucho menos terminaba, en Vallecas Villa. Aprendiste a sentirte fuerte porque sabías que la llave estaba empezando a crearse entre tus manos.

Y allí, en clase, le conociste. A Saïf.

Habías tenido aventurillas con otros chicos. Nunca olvidarías el primer beso, ni la primera caricia bajo las acacias del parque. Tampoco las advertencias de tu hermano: «Como te vea con alguien, te rompo el alma».

Más que advertencias eran amenazas. Él siempre te vería como una cría, como la hermana pequeña; no le gustaba tener que asociarte a las chicas con las que él salía para divertirse. Y eso que tu hermano no era como otros del barrio, sólo pensando en las faldas (en las «bragas», como dirían ellos), en ver lo que podían sacar de una chica; y luego, si te he visto no me acuerdo. No.

Tú habías visto llorar a Vanessa, una de tus mejores amigas, porque creía haberse quedado embarazada y el tío, su pareja hasta entonces, había salido por pies, encima insultándola, diciendo aquello de que «seguro que era de otro, que a él no se la iba a pegar, que no iba a creerse que él era el único que se acostaba con ella», y siempre la misma monserga.

Y habías visto cómo el padre de Sonia, una compañera del supermercado, la de la caja n.º 7, al lado de la tuya, le pegaba una paliza que la dejaba marcada durante varios días. Todo porque la había sorprendido en el portal metiéndose mano con Paco, su novio de toda la vida, al que conocía desde los ocho años. Pero su padre era muy severo, no aceptaba esas cosas, y menos en el portal de su casa.

También habías sido testigo de cómo se emborrachaba Juani, la de la mercería, porque alguien —nunca te aprendiste bien su nombre— se la había pegado con otra. Tuviste que llevarla, casi arrastrarla hacia su casa, acostarla y contarles un cuento a sus padres, no sé qué de una fiesta entre chicas solas, y otras mentiras.

No, tu hermano Manuel, Manolo para todo el mundo, hasta que se rapó la cabeza y no permitió que nadie le llamara por otro nombre que no fuera el de Manu, era diferente. Nunca se le veía con chicas por el barrio, y no es que fuera marica, ni mucho menos. Es que para él las mujeres tenían menos importancia que sus ideas. O al menos que sus pensamientos.

Sus pensamientos, que se iban conformando en ideas a causa de la compañía de Águila Juan y de otros como él, te espantaban. Sabías que odiaba al mundo, por culpa de tu madre, desaparecida desde que tenías uso de razón, dedicada desde que era una mujer a lo que ninguno ignoraba. No es que se vanagloriase de ser puta, pero tampoco lo ocultaba.

Tú, Evangelina, Eva para los demás, preferías el diminutivo porque así te había llamado el primer chico que conociste. Te dijo que eso de Evangelina era muy largo y que, en cambio, Eva se pronunciaba en un suspiro.

A Manu le costó llamarte de esa forma. Imponía su nombre recortado a los demás, pero le resultaba difícil hacer lo mismo contigo.

—Tú eres Manu, y yo Eva, ¿de acuerdo? —le dijiste una noche mirándole a los ojos.

Acababas de llegar de clase, él estaba a punto de marcharse con su grupo. Tus miradas siempre le desarmaban. A ti te hacía gracia ver su turbación, pensar que, a pesar de su fiera apariencia, tus ojos eran capaces de hacerle tambalearse por dentro. Eso te hacía creer que Manu no era tan malo como él mismo deseaba demostrar a los demás. Incluso el hecho de que te estuviera protegiendo en todo momento, lo considerabas un gesto de amor. Quizás el único gesto de amor que, hasta el momento, Manu había sido capaz de ofrecerle a alguien.

Le diste un beso para sellar el pacto, y él se marchó de casa dando un portazo.

Era su forma de demostrar su aceptación a tu nuevo nombre. De haberlo rechazado te habría levantado la mano. No para pegarte, Manu nunca lo había hecho ni lo haría jamás, sino para asustarte.

En el fondo —tú lo supiste bien en esos largos meses, que a ti se te hicieron infinitos—, lo que más le gustaba a Manu era el miedo, el miedo de los demás. Nunca olvidarías la respuesta que te dio cuando le preguntaste por su aspecto, su indumentaria:

—Me encanta ver cómo la gente suda de miedo al verme y cómo me abre paso por la calle.

—¿Por qué? —insististe en saber, ya que aquello te parecía tan pueril como peligroso.

—Porque en esos momentos sé que soy infinitamente superior a ellos —te respondió con desprecio, pensando sin duda en los que se apartaban nada más verle aparecer por la esquina, los que se retiraban a la parte trasera cuando entraba en un vagón del metro.

Discutir con él era imposible. Podíais cenar juntos, la mayoría de las veces en silencio, preguntándote por los fantasmas que estarían poblando su cerebro en aquellos momentos. Podías darle un poco de dinero cuando le veías muy apurado, ya que nunca le dirías que trabajara como todo el mundo y que, como todo el mundo, se ganara un sueldo. Eso te parecía moralizar y era algo que, aunque por distintos motivos, ni a ti ni a él os gustaba.

Manu ya era mayorcito, aunque a tus ojos fuera una especie de ciervo perdido en el bosque; y tú tenías tu vida por delante, o al menos estabas haciendo lo imposible por configurarla, a pesar de la calle de La Revoltosa, y toda la Villa de Vallecas a la que, inexorablemente, habías de regresar noche tras noche, mientras pasaban los años.

¿Y tú, Eva, qué pensabas de tu madre? ¿Qué pensabas de esa mujer que os había dejado en manos de unos tíos y a los que enviaba todos los meses, sin faltar uno, dinero para que fuerais tirando?

Desgraciadamente me he quedado sin saberlo, aunque todo el que se atreviera a sumergirse en tus ojos vería en ellos la bondad, la misericordia, la ausencia de odio o rencor.

¿Te han dicho alguna vez que eras una chica buena?

Manu, con sus actitudes, te lo estaba diciendo constantemente, al protegerte, al no desear para ti lo que fue o ha seguido siendo vuestra madre. Tu hermano te ha necesitado siempre, quizás para convencerse de que no todo el mundo estaba frente a él, que no todas las personas eran enemigos a los que insultar o agredir.

¿Qué pensabas cuando, por la noche, en espera de que el despertador volviera a sacarte de la cama, mirabas las paredes de aquel pisito prestado por vuestros tíos, del que sólo hacíais frente a los gastos? Un piso destartalado que tú decoraste mucho mejor de lo que parecía posible teniendo en cuenta los medios de que disponías. Una jarapa como tapiz en la pared, un cuadro de tu amiga Virginia, al lado de una reproducción de Van Gogh recortada de una revista mostrando unos campos amarillos bajo cielos azules, un reloj de bolsillo colgado de su cadena, sin funcionar, naturalmente, siempre marcando las ocho y catorce minutos, como si aquella hora tuviera algo mágico.

¿Y qué pensabas de Manu, cuando delante del espejo se afeitaba todos los días, con una navaja barbera, la cara y la cabeza, como en un ritual, mientras en la calle le esperaban Wotan y Teo, el primero no desperdiciando ocasión para hacerte un repaso de arriba abajo, con sus ojos tan sucios como sus dientes, deseándote como si fueras mucho menos que un bocadillo? El segundo callado, seis o siete años más joven que Manu, pero vestido igual que él, hasta en los más mínimos detalles, un pin, un dibujo en la chupa, su forma de andar, sus gestos, la muñequera con tachuelas de su brazo derecho; todo, menos la Cruz de Hierro.

Sabías que Teo tendría que ganársela a pulso, y aunque el antiguo nazi del Rastro se las vendiera a todo el que quisiera, Teo no, Teo tendría que hacer méritos. Porque llevarla igual que Manu significaría que había alcanzado su categoría. Algún día, si lo imitaba concienzudamente, quizás, pero todavía no, era demasiado joven, era demasiado pronto para ser condecorado con aquella espantosa muestra del reciente pasado de la historia, de la vergonzosa historia de la humanidad.

Eva. Cada vez te gustaba más tu nombre, e incluso jugueteabas con él. Si le dabas la vuelta podías echar a volar. Ave. Y tú lo necesitabas hacer muchas veces, para abandonar La Revoltosa, para dejar atrás el paseo García Lorca, el negro y sangre de tu hermano.

Fue una tarde entrando ya el invierno. ¿Tanto tiempo ya?

¿O ahora tendríamos que decir tan poco? Fue lo que se dice un flechazo.

Te sorprendió verle en tu clase de lengua. Tú ibas allí para aprender, para no sentirte avergonzada cada vez que escribías una carta llena de faltas de ortografía. Él también estaba allí para escribir mejor, porque el español no era su idioma de nacimiento.

—¡Hola!

—¡Hola!, tus ojos son bonitos —te dijo nada más mirarte.

Te ruborizaste. Te resultó descarado, la primera vez que hablabais, pero no te molestó, al contrario. Le miraste con una sonrisa en los labios. Si tus ojos le gustaban, ¿qué podías tú replicarle de los suyos? Eran ojos negros, brillantes, como lacados, envueltos en una película de agua pura, ojos intensos, profundos, árabes.

—También bonitas tus... —vaciló, no conocía la palabra. Rozó suavemente con la punta de sus dedos tus mejillas.

—¿Mis pecas?

—Eso... —asintió muy convencido—, pecas. Bonitas. Me gustan.

—¿De dónde eres? —le preguntaste. Pero, antes de que él te respondiera, tú ya estabas hablando de nuevo—: ¿Qué haces aquí? ¿Desde cuándo vienes a clase? No te he visto antes. ¿Es tu primer curso?

Él se echó a reír inclinando la cabeza ligeramente hacia un lado. ¡La de veces que volverías a ver aquel gesto que te enamoró!

—Muchas preguntas juntas, demasiadas preguntas para yo que no hablo bien como tú.

Volviste a ruborizarte, porque esta vez comprendiste que te habías precipitado, que por culpa del nerviosismo lo estabas atosigando cuando, precisamente, lo que más deseabas era que él se sintiera a gusto a tu lado.

—Me llamo Eva —le dijiste a la vez que hacías como que recogías tus apuntes.

—Yo Saïf —te respondió él.

—¿Cómo has dicho? —le preguntaste sorprendida, no sólo porque nunca habías oído un nombre así, sino también por la forma en que lo había pronunciado.

—Saïf —repitió—. Significa «verano»... en árabe.

—Pues estamos casi en invierno —es todo lo que se te ocurrió decir, provocando de nuevo su risa. Cuando reía sus ojos se iluminaban, y sus dientes blancos contrastaban aún más con su piel morena. ¿Fue en aquel momento cuando deseaste pasar tus dedos por su cabello rizado? Él pareció intuirlo porque, con cierto pudor, se colocó sobre la cabeza un gorro de lana color granate, que le cubrió hasta las orejas.

Pero el pudor duró poco y enseguida volvió a hablarte abiertamente.

—¿Me dejas ir contigo? —te preguntó mientras descendíais las escaleras de la academia.

—Vivo lejos —respondiste temerosa, tal vez de él, o de ti, o incluso quizás de que os viera juntos tu hermano y luego tuvierais bronca.

—Mejor —respondió Saïf encogiéndose de hombros—. Yo no tengo prisa. Tú vives lejos, mejor. Más tiempo juntos.

Te gustaba e incluso llegó a encantarte su forma de hablar, la manera en que construía sus frases; aquel acento que te permitía soñar con los desiertos de nómadas y beduinos, de bereberes y caravanas de dromedarios. Te fijaste en que llevaba una parka muy parecida a la tuya, y eso te gustó. En el fondo, te dijiste, algo teníais en común. A pesar de que en aquellos momentos pensaste que el chico con nombre de verano iba a ser uno más. De esos que pasan por la vida como páginas en blanco de un libro; páginas importantes, porque sin ellas el libro no existiría, porque tal vez tienen algo escrito en su parte posterior, pero que aparecen ante nuestros ojos sin letras, como un lugar en el que poder escribir la historia —joven historia en tu caso— de tu vida.

—¿Vamos?

Negaste con la cabeza, aunque tu corazón decía que sí. Aquel movimiento no era un obstáculo que le ponías, sino un gesto de aceptación entre sonrisas.

—Anda, vamos.

3 *Saïf*

. . . TENER que escribir, no, en español es tengo, tengo que escribir nuevamente, no quiero hacer errores, entiendo, sí, hablo casi bien, pero escribir ser más difícil, no, no se dice ser más difícil, se dice es más difícil, así bien, mejor, pero...

... pero si pudiera pensar en español como pienso en árabe, o en francés... ¿cuántos años hablando francés o árabe?... así sería mucho mejor.

Mucho mejor. Lo de menos es el idioma en que escriba este diario, aunque luego deba traducirlo, pero tengo que esforzarme para hacerlo en español. Ahora vivo en España, ya no estoy en Marruecos, aquí nadie entiende el francés y menos el árabe, tengo que hablar y escribir bien el español. Sólo así podré dar clases a mis amigos sin cometer faltas. Aunque, la verdad, ellos con tal de hablar un poco, con tal de chapurrear y salir adelante, se apañarán. Como dicen las octavillas que entregamos a los posibles alumnos, «Clases gratis de español para extranjeros». Tenía que haber puesto para «magrebíes», porque si me sale un japonés o un ruso, la he fastidiado.

Ahora, si reanudo este diario, tanto tiempo abandonado por el cansancio, la falta de tiempo e, incluso, de un poco de ilusión, es porque he conocido a una chica.

Los dos tenemos el mismo objetivo a pesar de que ella ha nacido en Madrid. Queremos hablar bien, estudiar y que la gente no se meta con nosotros porque decimos cosas mal dichas.

Ella vive en un lugar llamado Vallecas Villa, al otro lado de Madrid; el pasado jueves la acompañé por primera vez a su casa, y cuando quise volver a la mía ya no había autobuses y tuve que coger un taxi. Una ruina. Le voy a tener que pedir más dinero a mi padre, aunque me sé la respuesta, que regrese ya, que me están esperando, que Marruecos es mi casa, que allí lo tengo todo, no me faltará de nada, y que en España siempre seré un maldito inmigrante. Aquí se dice jodido moro de mierda, y la verdad es que prefiero ser uno más a ir contando por ahí que mi familia tiene mucho dinero, pasta o como se diga, y que si he venido a España es porque mi madre nació aquí, hace muchos años, lo sé, pero tenía ganas de ver cómo era el país de los califas, donde nació la música de nuestro país, porque la música estaba prohibida por el Corán hasta que en Córdoba lo arábigo se mezcló con lo andaluz y nació el sonido de las *nubas,* interpretadas por esos violines llamados *kaman,* las dobles flautas llamadas *zamar,* los platillos o *zil...* todo mezclado con el sonido del agua de las fuentes de los patios.

Pero ¿por qué escribo sobre música cuando quiero escribir sobre Eva? ¿Tal vez porque ella me recuerda la música de mi país? Es muy tonto pensar en algo tan poético cuando sólo lo has visto una vez, pero lo que sé es que esa chica me gusta. Sus ojos y sus... ¿cómo se dice?, sus pecas.

Tal vez tenga que tener cuidado con eso que se llama flechazo porque dicen que las cosas que empiezan bien suelen terminar mal.

¿Y qué más da? Si me ha gustado, pues me ha gustado. Y creo que yo también le gusto a ella, aunque cuando llegábamos a su casa estaba muy inquieta. Comprendo que allí estaba su gente y que le diera un poco de vergüenza ir con un chico desconocido; y también comprendo que temiera que en cualquier rincón yo quisiera robarle un beso o intentara abrazarla.

No me conoce todavía. Me gustan los besos y las caricias, ¿a qué chico de mi edad no le gustan? Pero sólo si los dos estamos de acuerdo. Robar un beso o lo que sea es tonto, no le veo la gracia, y luego el recuerdo es malo, incómodo. No podría escribirle a mi padre diciéndole que estoy bien, porque estaría mal. No podría decirle que utilizo provechosamente la beca de mi país para pasar un año aquí, en España, estudiando su lengua, su cultura y su historia, que durante siete siglos fue también la nuestra; sería mentirle si le hubiera robado a Eva un solo roce de manos.

Al llegar a casa mis compañeros de piso dormían. Uno de ellos, Alí, roncaba como si se hubiera dado un banquetazo después del ayuno del *Ramadán.*

Yo eché la culpa de no poder dormir a sus ronquidos. Pero no era eso, lo que pasa es que Eva se ha metido muy dentro de mi corazón. Como diría el Profeta: el camino que conduce al amor es ya el amor.

¡Qué tonterías escribo! Pienso en ella como si estuviese enamorado. Lo dejo por hoy, me voy a acostar que mañana me espera un día lleno de cosas.

* * *

... Las cosas se complican. Los compañeros me han informado de que el próximo día 14 habrá una manifestación contra el racismo y la xenofobia en la plaza Mayor. Quieren que sea uno de los organizadores y que me encargue de buscar a los que pueden formar el servicio de orden. No sé cómo voy a poder estar en tantos sitios a la vez. Entre las clases que doy y las que recibo, apenas me queda nada de tiempo para mí. Pero creo que la causa es justa, y si yo, que soy un privilegiado por mi condición, no les echo una mano, ¿quién se la va a echar? ¿Los neonazis? Pero al cuello.

Ayer vi a unos en el metro. Como siempre, iban en pandilla, un grupo de tres o cuatro, y estaban al final del andén, mirando a todos lados, como buscando algo. Si no fuera por las cosas que hacen, me darían risa, con sus uniformes de luto y sus cabezas a lo bonzo. Pero el periódico cuenta cosas de los turcos en Alemania, y sin ir tan lejos, ¿quién se ha olvidado de las cosas que me han contado sucedieron en Costa Polvoranca o de lo que le hicieron a la dominicana Lucrecia Pérez?

¿Qué tendrán en su cerebro, si es que lo tienen? Un momento, Saïf, no seas como ellos, claro que tienen cerebro, como todos, hasta los animales lo tienen, ¿o lo que tienen los animales se llaman sesos?

Decididamente no domino todavía este idioma, pero lo conseguiré. Un par de meses más y lo conseguiré.

Se metieron en el último vagón un instante antes de que se cerraran sus puertas y el metro se pusiera en marcha. Pasaron de vagón a vagón como si fueran los dueños del mundo, caminando no muy deprisa, en silencio, mirando fijamente hacia delante.

¿Qué pasaría si se hubieran metido conmigo? ¿Alguien me hubiera ayudado o, como estaba viendo, los pasajeros se apartarían a su paso para que actuaran con más comodidad?

Me fijé en sus tatuajes: águilas en los brazos, y una serpiente en la nuca. Y en sus adornos: el más llamativo de ellos era una Cruz de Hierro nazi.

No se fijaron en mí. Pasaron como una tromba, agresivos, como una apisonadora, avasalladores, como una estampida de elefantes, dejando a su paso una fuerte estela de sudor. A mí me pareció que además del sudor soplaba una especie de viento frío, pastoso y con olor a basura. ¿O es que mi imaginación me hacía inventar cosas que sólo existían en mi cabeza?

La reunión ha sido tensa. ¿Por qué? Todos estamos de acuerdo en que la manifestación se ha de celebrar, incluso tenemos el permiso. Pero algunos opinan que no basta con permanecer en silencio un minuto y luego repartir octavillas llamando a la concordia y a la tolerancia; quieren que demostremos nuestra fuerza. No es que pretendan que vayamos por ahí rompiendo farolas, sino que nos acerquemos hasta la Puerta del Sol para que alguno de nosotros demos un discurso.

La Puerta del Sol está a dos pasos, pero allí se encuentra el gobierno regional y mucha policía. En el permiso nos han especificado que no salgamos de la plaza Mayor, que sólo allí garantizan nuestra seguridad. La mayoría hemos decidido atenernos al plan primitivo. No queremos ninguna demostración de fuerza. Somos lo que somos y estamos donde estamos. El que nos vean —y cuantos más nos juntemos mejor— justificará con creces lo que pretendemos. Lo que sí ha sido aprobado es que incluyamos en nuestras pancartas, junto a la foto de la dominicana asesinada, la de los dos chicos que también lo fueron en Alcorcón y Fuenlabrada.

Otro motivo de encontronazo. Decían que esos chicos eran blancos, que eran madrileños, y que no tenían cabida en una manifestación contra la xenofobia y el racismo. Pero yo el primero y, afortunadamente, otros muchos conmigo pensamos que han muerto por lo mismo que nosotros: por ser diferentes.

Los dos chicos se llamaban David. ¿Una casualidad que los verdugos hayan elegido a chicos con nombre judío? ¿Acaso estos verdugos no exaltan lo nazi y desprecian a la raza inferior, aunque ésta aparezca únicamente en el nombre? Por lo tanto, nos manifestaremos en silencio y orden en la plaza Mayor, rindiendo homenaje a nuestros muertos. Lucrecia, David y David. Todos son nuestros muertos. Pero ha sido desagradable ver cómo incluso entre nosotros hay fricciones, y cómo los que ayer creías tus amigos ahora te miran de forma atravesada porque no estás de acuerdo con sus propuestas, que además son las de una pequeña minoría.

He decidido ser, además de organizador, miembro del servicio de orden. Y salir cuanto antes de nuevo con Eva. No tengo su teléfono, no me lo ha querido dar. Tendré que verla en clase. Y la invitaré a que venga a la manifestación. Espero no llevarme una desilusión si se niega. Está en su derecho a negarse, a fin de cuentas la conozco desde hace tan poco... Pero me gustaría mucho verla allí, con nosotros, conmigo.

Algún día, tal vez, le deje leer este diario, y entonces le explicaré que lo he escrito pensando en ella. Incluso cuando hablo de otras cosas estoy pensando en ella. En Eva. En sus ojos preciosos, en sus manos, en su manera de sonreírme, en sus... ¿cómo se dice?... en sus pecas.

¿Será verdad que se puede sufrir mucho con el amor?

Vamos, Saïf, corta el rollo y a lo tuyo, que se te está haciendo tarde.

4 *Manu*

—¿VAS a dejar las cosas así? —le preguntó Wotan mientras escupía sobre sus botas antes de sacarles brillo con un trapo viejo.

Manu le miró como si no entendiera lo que decía su compañero. En realidad no deseada entenderle.

—¿Qué cosas?

—Las de tu hermana con ese montón de betún.

A Manu se le revolvían las tripas hasta un punto tal que nadie de los allí presentes podía siquiera imaginar. Le repugnaba que Wotan le hablara de su hermana, pero también que pudiera ser verdad lo que decía aquel asqueroso.

¿Cómo era posible que Wotan fuera un cabeza rapada como él, o como Águila Juan, o incluso como Teo, tan dispuesto y aplicado? Wotan podía haber caído en cualquier banda urbana, cuanto más vulgar más acorde a sus características. Con Harley Davidson sería un motero o incluso un Ángel del Infierno; con el pelo verde, un *punky*, o un *gore* si se atravesaba los pezones con clavos y las orejas con imperdibles satánicos.

Lo peor de todo es que tenía razón: él no podía permanecer impasible ante algo tan repugnante. Y no se trataba sólo de hablar con ella, ni de advertirle como si fuera una quinceañera a la que se amenaza con no salir el domingo si llega tarde a casa por la noche.

—Eso es cosa mía —replicó dándole la espalda.

—Claro, macho, por eso te lo digo.

—Comprendido, corta.

—Vale, vale, ya está.

—Pues eso.

Manu no podía aguantar por más tiempo la mirada de Wotan. La sentía en su nuca, igualita al aliento de un moribundo, putrefacta, como lo sería la boca del moro que pretendía a Eva. Y si el otro no se callaba iba a empezar por él, allí mismo, delante de todos, ¿qué más daba?

La Sangre del Poeta estaba a rebosar. En la barra no cabía ni un piojo y Águila Juan tuvo que abrirse paso a codazos entre el personal. Estaba eufórico cuando entró en la parte trasera. Se cuadró ante la bandera con la esvástica, mientras Teo le lanzaba a Manu una mirada de saludo, como indicando que ya estaba allí, y que si había venido con Águila Juan era por algo fortuito.

—¡Ya está! —exclamó Águila Juan remangándose la camisa y mostrando ostensiblemente sus tatuajes—. ¡Servicio de orden!

Se echó a reír mientras los demás le rodeaban.

—¿Servicio de orden? —preguntó uno de ellos sacando pecho.

—Orden y vigilancia, servicio de protección y seguridad. Nosotros. Y además con todas las bendiciones de la directiva. ¡Esos catalanes van a tener que comprar toneladas de vaselina para que su bandera les entre por el culo!

La noticia era fabulosa. Ellos, mezclados entre los Ultra Sur, serían los encargados de que el partido de alto riesgo transcurriera sin percances. Sin percances para ellos. Dentro del estadio, nada de nada.

—¿Pero y si empiezan los otros?

Águila Juan se encogió significativamente de hombros. Ante

un caso así, si eran atacados por los sucios separatistas, tendrían que «defenderse».

—¡Nos defenderemos, claro que sí! —exclamó Wotan.

Manu le miró con desprecio. Un *skinhead* no se defiende nunca, ¡ataca! Wotan no había captado la ironía de Águila Juan, como por lo visto algunos de los directivos del equipo blanco no habían comprendido la paradoja que significaba confiar la tranquilidad de aquel Real Madrid-Barcelona a los que se encontraban celebrándolo en la trasera de *La Sangre del Poeta*.

Manu, todavía quemado por la posibilidad de que Wotan tuviera razón, quiso pensar en otra cosa. En el nombre de aquel local, por ejemplo. Unos decían que tenía que ver con un escritor francés, pero él estaba seguro de que tenían razón los que afirmaban que aquella sangre era la de un poeta español fusilado hacía sesenta años. Y bien fusilado, por mariconazo. ¿Qué sociedad le había tocado a él vivir en la que se proclamaba que aquel poeta era uno de los grandes, e incluso se le dedicaba un paseo al lado de su casa, cuando no merecería siquiera haber nacido?

Águila Juan parecía haber captado algunas briznas de su pensamiento, porque de forma ampulosa, intentando como siempre politizar el acto, pronunció en voz alta unas palabras que leyó de un libro titulado *Mein Kampf:*

—«El que renuncia a luchar en un mundo cuya ley es una lucha incesante, no merece vivir».

Volvió a cuadrarse, pero los demás estaban más interesados, e incluso inquietos, por el partido de fútbol del domingo que por las teorías de un extranjero muerto hacía un montón de años, por muy Hitler que se llamara.

—No olvidéis la consigna: «¡Bicéfala!».

Era una palabra que le encantaba: águila bicéfala, águila de dos cabezas, águila imperial por Dios y por la Patria.

Cada vez que salían de misión, solía utilizar esa consigna con la que el grupo se ponía en marcha.

—¿Cómo vamos a esconder las cadenas?

—Eso es demasiado tosco. Hay que llevar pinchos por lo que pueda pasar.

Las cadenas eran efectivas para alejar a los grupos que se acercaban demasiado. Pero los pinchos —navajas automáticas, punzones, destornilladores y hasta garfios manipulados— eran imprescindibles en el cuerpo a cuerpo. Las cadenas herían y llegaban a romper alguna que otra costilla, pero los pinchos, bien manejados, podían dejar un recuerdo indeleble, obligando al contrario a abandonar el lugar del enfrentamiento con los pies por delante. Además, el único que podía llevar cadenas, porque era el único que sabía utilizarlas de forma efectiva, era Águila Juan.

Manu llevó su mano a la trasera de su pantalón, donde reposaba, siempre dispuesta, su navaja barbera.

Teo, en un gesto mecánico como solía ser habitual en él, hizo lo propio. Sólo que en su pantalón no había arma, sino unos billetes de metro, unos condones en su funda de papel de plata y unas cuantas pesetas, pocas y arrugadas.

Manu salió al patio a respirar un poco de aire frío.

Contempló la luna en cuarto menguante y las nubes que amenazaban nieve de nuevo, y echó vaho expulsando el aire de sus pulmones.

Odiaba las navidades que se acercaban, la alegría de las gentes, las calles iluminadas y los árboles cargados de falsos regalos.

Odiaba el invierno porque sentía frío y su uniforme no se lo quitaba.

Odiaba a los que no odiaban lo que él.

Se dijo que tenía que concentrarse en el partido del Bernabéu. Sería un buen entrenamiento para lo que estaba forjándose en su pensamiento. Porque, desde que la boca sucia de Wotan había mencionado a su hermana, Manu sabía que de ser cierto aquello la solución tendría que ser drástica. O como diría Águila Juan y su admirado Führer nazi, una solución final, definitiva.

Pero aquello, cuando tuviera lugar, no iba a ser obra del grupo, sino sólo suya. ¿Cómo podía pensar siquiera que Wotan estuviera a su lado, ensuciando a su hermana con la mirada?

Manu se volvió para regresar a la reunión, y se dio cuenta de que Teo le estaba mirando.

—¿Quieres tomar algo, te apetece? Te invito.

Teo asintió con timidez. No tenía ganas de beber nada, pero estar junto a Manu era para él todo un honor.

El local seguía hasta los topes y Manu no estaba dispuesto a esperar turno. Con gesto brusco apartó a un obeso bebedor de la barra, cuyo volumen dejó sitio para ellos dos.

Éste intentó protestar, pero se movía torpemente. Tenía muchos kilos y posiblemente demasiadas copas como para reaccionar con ligereza. Además sus dos manos estaban ocupadas, la derecha por un vaso de whisky, la izquierda por un cigarrillo con boquilla color corcho.

—¡Eh, oye, tú, pelón, quién te crees que eres!

Manu no le respondió, limitándose a pedir al camarero unas bebidas que levantaran su estado de ánimo.

Pero el obeso siguió protestando.

—¡Te estoy hablando a ti, cabeza de melón!

Sus amigos primero intentaron llevárselo de allí, pero al ver que insistía se retiraron discretamente esperando lo peor.

Sin embargo el interés de Manu por el gordo era nulo. Probaba la bebida que acababan de servirle, indicando por señas que estaba un poco baja de tonelaje.

El gordo dejó el vaso, y parecía disponerse a tomar una decisión. Respiró profundamente y echó su brazo derecho hacia atrás.

Pero su gesto, que buscaba sin duda dar un fuerte puñetazo en la nuca de Manu, quedó interrumpido por algo que hizo Teo. Con total tranquilidad, como si allí mismo no se estuviera forjando una insoportable tensión, le quitó al bebedor el cigarrillo de su mano izquierda. Por un momento, ante la sorpresa del gordo, sopló en su punta, haciendo que se desprendieran brasas incandescentes. Inmediatamente después, Teo aplastaba el cigarrillo contra el grueso y colorado cuello del obeso, que lanzó un grito de animal degollado. Sus amigos aprovecharon para llevárselo, intentando calmar la quemadura con el hielo de los cubitos que el camarero utilizaba para refrescar las bebidas.

Manu ni siquiera miró a Teo, pasándole el vaso que había pedido. La bebida tenía un color cobrizo sobre el que incidían los reflejos del establecimiento.

Teo bebió en silencio, pero íntimamente orgulloso por haber podido servir a su amigo. Le hubiera gustado no ya que le dijera unas palabras de agradecimiento, o que le diera unas palmaditas en los hombros. Eso eran gestos para los otros, los que no vestían su uniforme ni pensaban como ellos, pero al menos una mirada, una sonrisa. Era igual. Lo importante era estar a su lado y sentirse aceptado por él. Y por él, por su amigo Manu, no sólo volvería a aplastar el cigarrillo incandescente en el cuello del cerdo aquel, sino que llegaría a lo máximo si Manu se lo pedía. Sólo tenía que decirle: «Teo, haz esto», y él lo haría. «Teo, hazme aquello», y él cumpliría su deseo.

—Vamos.

Ni siquiera acabaron sus bebidas, que abandonaron sobre el mostrador. El hueco que dejaron al irse tardó tiempo en volver a ser ocupado.

* * *

La Castellana estaba bloqueada. Los autobuses aparcaban a ambos lados de la calzada y las calles adyacentes estaban cortadas al tráfico. Los controles eran rigurosos. Incluso los vecinos de las casas próximas tenían dificultades para acceder a sus viviendas. La policía de Madrid había desplegado un plan de alta peligrosidad; alarma roja.

El partido no era fundamental para el desarrollo de la Liga, de la que aún quedaba más de medio campeonato, pero se trataba de una competición de las de alta rivalidad. Y eso siempre implicaba grandes riesgos. Sobre todo, cuando los presidentes de ambos clubes no eran amigos y echaban leña al fuego a la polémica cada vez que eran entrevistados.

La agresividad parecía más propia de una contienda medieval que de un espectáculo deportivo, pero, aun así, los dirigentes de los dos equipos querían que ganara su equipo, sí, que machacara al contrario, si era posible, pero dentro de la normalidad. Aunque para ello tuvieran que recurrir a métodos fuera de lo normal.

El domingo amaneció nublado, y con un desacostumbrado silencio. Por la noche había hecho mucho frío. Los termómetros llegaron a señalar los ocho grados bajo cero y, según las informaciones de los periódicos, un mendigo acababa de morir porque el corazón se le había congelado.

Manu, Teo y los demás se colocaron gruesos jerséis bajo las chupas. Mejor que hiciera frío, porque al ir más abrigados sería más difícil dar con las armas que llevaban escondidas. E incluso, en caso de agresión, la abundante ropa de lana podría protegerlos como si fuera una malla.

Águila Juan les sugirió que, para pasar lo más desapercibidos posible, cubrieran sus cabezas con boinas o gorros. Él mismo utilizaba una Kangol con visera puesta al revés, que mostraba un dibujito con un canguro.

Manu se colocó un pasamontañas que era más útil si además quería pasar desapercibido. Bastaba con tirar de la parte doblada para ocultar su rostro, dejando al descubierto únicamente sus ojos. A Manu le gustaba mirar a través del pasamontañas porque sabía que aquello acentuaba la fuerza de su mirada. Le bastaba con mirar a alguien directamente para que éste sintiera pavor. Y esa sensación de la víctima transpirando, retirándose a su paso, suplicando que no interviniera, le llenaba de desprecio por los inferiores y de orgullo por lo que había conseguido por sí mismo, la sumisión de los demás, de todos aquellos que formaban una sociedad despreciable donde sólo los ricos tenían derechos, donde sólo los políticos de uno u otro bando se creían dueños del mundo.

Escupió y antes de cubrirse con el pasamontañas se pasó la mano por la cabeza rasurada. Era voluptuoso hacerlo, una sensación que iba más allá del placer y que conseguía transmitirle toda su fuerza interior.

Si seguía al lado de Águila Juan era porque, aunque por distintos caminos, ambos buscaban lo mismo: mandar al mundo a la mierda. Águila Juan, creyéndose todo lo que leía, siguiendo los panfletos, saludando marcialmente a una bandera. Él, actuando directamente contra todos los que no merecían vivir en aquella ciudad porque no era su ciudad. Sabía lo importante que eran las diferencias del planeta Tierra, que hubiera tontos y listos, incluso razas de todos los colores y gentes de todos los idiomas. Pero cada cual en su casa, no en la de los demás.

A Manu le gustaban los gorilas, los documentales sobre aquellos grandes simios. Pero una cosa era el cine, verlos en la selva, incluso en el zoo, y otra que se pasearan tan ricamente por la Gran Vía dirigiéndose a uno de tú a tú. Inadmisible y grotesco. Contra eso luchaba y seguiría luchando, aunque tuviera que enfrentarse a su hermana.

¿Dónde estaría Eva en aquellos momentos?

Manu fue a la habitación de la muchacha y contempló su cama deshecha. Sin duda se había levantado un poco tarde, y al salir apresuradamente no le dio tiempo a hacerla. Se sentó durante unos segundos en la cama, acariciando con sus manos la sábanas que aún conservaban el olor de Eva, ese olor que se va acumulando durante la noche en una habitación cerrada. Podría haber abierto la ventana, a pesar del frío, aunque sólo fuera unos minutos, para airearla. Pero prefirió conservar aquel aroma. Luego, hizo la cama con un cuidado desacostumbrado en él, alisando los pliegues, estirando las arrugas, retocando hasta la más pequeña de las imperfecciones de la colcha.

Momentos después ensayaba el puño americano, probaba que la navaja barbera abriera y cerrara con rapidez, y al ver que se atascaba en un determinado punto, buscó en la cocina un poco de aceite para suavizar aquel obstáculo del mecanismo.

Al dejar la botella de nuevo en la alacena, tuvo una idea y regresó al cuarto de baño. Una vez allí miró hacia el suelo. La escobilla del retrete seguía en su sitio, sobre una baldosa que reconocía perfectamente. Por un instante notó cómo el siroco comenzaba a soplar en su cabeza y se preguntó si no sería prudente ir armado al estadio. Casi al mismo tiempo se dijo que quizás lo imprudente sería hacerlo. Además, la pistola sólo debía utilizarse en casos muy especiales, no tenía más que un cargador, unas cuantas balas; y un partido de fútbol, por mucho jodido Barça que fuera, no merecía el honor de que él metiera el cargador y estuviera listo para disparar.

El siroco, sin embargo, siguió soplando y le llevó hacia una idea fija que se había asentado en su corazón como un tumor. Para apartarla buscó una cerveza en la nevera, pero sólo encontró leche y coca-cola.

Regresó al cuarto de baño y apuró de un trago el alcohol de

96° que guardaban para limpiar heridas. El alcohol cayó sobre su estómago como fuego, pero al menos apartó de su cabeza el siroco; de momento.

—¿Estamos listos?

Más que una pregunta era como la consigna que les ponía en acción. Les habían dado entradas para que se colocaran detrás de la portería, con los Ultra Sur. Su obligación, por la que les pagaban veinte mil pesetas a cada uno, era la de evitar disturbios y, caso de que se produjeran, aislar a los responsables, e incluso entregarlos a la autoridad competente.

Águila Juan se reía en su interior, Wotan se rió a carcajadas cuando vio la gran mole blanca del estadio.

—¡Caña, caña pa el mono culé!

Se veían banderas blancas y banderas rojas y azules, multitudes con bufandas, gorras y hasta con pancartas. Todos eran cacheados a la entrada, apartando los objetos peligrosos o supuestamente contundentes; sólo pasaban el filtro las botellas de plástico de agua mineral o los paquetes de donuts.

La risa de Wotan se le cortó en seco cuando el portero le pidió la documentación. No por el hecho en sí, sino porque el muy desgraciado iba pronunciando en voz alta el nombre de los que iban llegando.

—Teodoro Fresnedilla Ribera.

Teo cruzó el control.

—Manuel Gómez Jiménez.

Y pasó Manu.

—David Cortés Hurtado.

Manu le miró con una sonrisa que significaba todo el desprecio que sentía por él. Wotan, con su falso nombre de Dios nórdico, se llamaba realmente David. Como los dos chicos asesinados. David, como el rey símbolo de aquellos a los que más odiaba: los judíos. Por eso se había escondido bajo aquel ampuloso apodo. Pero ahora el portero del estadio le había humillado públicamente.

Wotan le arrebató violentamente el carné de identidad, tan violentamente que la cartulina plastificada casi le hizo al controlador un corte en la mano. Por un instante ambos se miraron como midiendo sus fuerzas. En los ojos de Wotan había un «ya me las pagarás»; en los del portero, «si supieras lo que pienso de ti, asqueroso jovencito». Pero la multitud que empujaba por detrás resolvió el conflicto.

David Cortés Hurtado, más conocido como Wotan, guardó precipitadamente su carné sin poder evitar enfrentarse a la sonrisa burlona de Manu.

—¿Qué pasa?

—Tú sabrás.

—Pues eso.

Águila Juan intervino.

—Vamos a lo que vamos.

Parecía un circo romano. Más de cien mil espectadores apiñados, unidos y tensos, excitados por el futuro resultado, vibrantes por el espectáculo que, en pocos minutos, iba a desarrollarse ante sus ojos.

Los espectadores de las primeras filas habrían de contemplar el partido a través de unas rejas, mientras la policía paseaba por el borde del césped con sus perros de presa, especialmente adiestrados. El murmullo se convirtió en clamor con la salida de los jugadores al campo. La emoción atenazaba algunas gargantas, la exaltación hacía que unos y otros profirieran insultos al contrario. Aplausos, bravos, pitos, vivas, blasfemias, abucheos, amenazas.

Los focos del Bernabéu se desparramaban sobre el césped y las gradas, dando la impresión de un inmenso campo de concentración del que nadie podría escapar en los próximos noventa minutos.

Los perros-policía tensaron sus músculos, conectados a la cadena que llevaban su monitores sujetas con guantes de cuero negro. Para los animales debía de ser un momento especialmente excitante, cargado de presagios y también de posibilidades. Habían sido adiestrados para atacar y sólo esperaban la orden. Entonces cumplirían fielmente su misión y recibirían el agradecimiento de su amo.

Manu tanteó el lugar donde había escondido la navaja. Entonces su mano tropezó con otra mano. Era la de Teo, que sonreía. Manu no entendía lo que el alevín le quería decir, pero lo comprendió en seguida, siguiendo su mirada. También el más joven se burlaba del verdadero nombre de Wotan. Era una vergüenza que un cabeza rapada se llamara David o Abraham, Moisés o Salomón. Y con ese gesto, además, le indicaba que pasara lo que pasara aquella noche él estaría a su lado.

Manu entornó levemente los ojos. Cualquiera que le observara pensaría que tenía la mirada perdida en el infinito. Pero Teo no. Teo sabía lo que Manu miraba; a quienes miraba Manu.

Al otro lado del estadio, con todo el campo por medio, estaban sus enemigos. Los Boixos Nois, con sus bufandas, gorras y carracas azulgranas.

En ese momento se escuchó un pitido. Manu notó cómo el viento soplaba a su alrededor; tal vez se trataba del anuncio de un cercano siroco. Un grito atronador, más parecido al chasquido del percutor al golpear la bala, le envolvió haciendo que, por unos instantes, ni siquiera supiera dónde se encontraba.

El partido acababa de comenzar.

5 *Eva*

MIRASTE tu cama; jurarías que te habías marchado de casa sin hacerla. Si era así, ¿desde cuándo tu hermano se preocupaba de esas cosas? En el fondo te gustó porque, de alguna forma, te acercaba un poco más a él.

Qué difícil era seguir sus pensamientos. A tus ojos Manu era una persona impenetrable. Sólo supiste que se había unido al grupo cuando le viste pasar una maquinilla por su cabeza; una maquinilla primero, una navaja barbera después y siempre, a partir de entonces. Tampoco supiste el porqué, y eso que se lo preguntaste hasta que te cansaste de su silencio. Para intentar ablandar su corazón, le hablabas de los niños turcos asesinados en Alemania; de la mujer embarazada pateada en la zona de La Défense de París; o aquella pareja de homosexuales quemados dentro de su cabaña de madera en Georgia, Estados Unidos.

Manu cerraba los ojos, una de las venas de sus sienes se hinchaba palpitante a la vez que movía la cabeza lentamente, de un lado a otro, como si quisiera apartar de sí algún mal pensamiento. Luego, si por fin se animaba a abrir la boca, solía decir siempre las mismas palabras:

—Las mujeres no sabéis lo que está pasando, no tenéis ni puta idea.

—¡Pues dímelo tú! —insistías como una réplica angustiosa, deseando conocer sus motivos.

—Es mejor que no lo sepáis —añadía como si quisiera apartarte de algún peligro. Como si él fuera tu parapeto y tu coraza.

No conseguías sacarle otras palabras. A veces te enfrascabas en tus estudios; otras, más enfadada o incluso furiosa, te ibas a la calle para despejar la cabeza. Si hubieras nacido en otro lugar de Madrid, ¿Manu hubiera sido así? Y sabías de sobra la respuesta: había montones de lugares en Madrid en los que nada habría cambiado. Villaverde, Parla, Entrevías, Cerro de la Mica, San Cristóbal de los Ángeles, y cientos y cientos de descampados donde la chabola y la miseria eran ley. Pero al mismo tiempo te indignabas por aquella selección tan negativa. Porque estabas segura de que en San Cristóbal de los Ángeles, Cerro de la Mica, Parla, Entrevías o Villaverde, pasaría lo mismo que en tu pueblo-villa de Vallecas: que algunos se atrevían a elegir. Que no sólo se dejaban llevar por la corriente, la desolación o el odio.

Por ejemplo: tú.

¿Había diferencia entre Manu y tú? ¿Todos los hombres eran como Manu?

Cuando conociste a Saïf, sentiste una bocanada de aire fresco en tu vida. No sólo te gustaba verle en clase, tan atento a los estudios y tan pendiente de ti, con su gorro de lana color granate que le llegaba hasta las orejas, su parka azul marino tan parecida a la tuya; sino que además sentías que su presencia era para ti como la llave que podría abrir la puerta, como una especie de motor capaz de empujar definitivamente tu barca.

—En mi pueblo no hay mar —te dijo la primera vez que le hablaste con esa metáfora—. No mar, no barca.

—Aquí en Madrid tampoco tenemos mar, pero tenemos barcas.

—¿Sí?

—En El Retiro, en la Casa de Campo. En el estanque, en el

lago, ¿comprendes? —respondiste muy seria, como si estuvieras impartiendo una clase magistral.

En el fondo te encantaba verle vacilar con el idioma; tal vez porque en esos momentos te sentías un poco más segura y fuerte. Al contrario que en el supermercado, cuando se acercaba a pagar algún tipejo dándoselas de premio Nobel, y en realidad era más redicho que algunos presentadores de televisión.

—En mi pueblo no hay estanque, no lago.

—¡Qué pena! —respondiste con gesto de fingida desesperación—, porque me gustaría remar a tu lado.

—¿Remar? ¿Qué es remar?

Saïf no conocía aquel verbo y tú se lo mostraste por gestos, cerrando los puños al mismo tiempo que los ojos, para sentirte flotando sobre las aguas, escuchando el chapoteo de las maderas al hendir la superficie.

—Yo no conozco las barcas de Madrid. ¿Tú me llevarás para verlas? —dijo ladeando la cabeza en aquel gesto tan suyo.

Te echaste a reír, como hacía él a menudo cuando vuestros idiomas se entrelazaban como enredaderas en un muro de piedra. Entonces comprendió la broma, a la vez que dejasteis para más adelante —«¡quizás cuando haga buen tiempo, allá para la primavera!»— la cita con el lago o el estanque.

¿Recuerdas su primer beso? La pregunta es absolutamente tonta. ¿Quién no recuerda el beso que nos da alguien por primera vez? Además, fue en el portal de tu casa. Entre la duda de ser interrumpida y el temor a ser descubierta.

Primero cogió tus manos entre las suyas. Acababas de decir que tenías mucho frío, que los dedos se te habían quedado como carámbanos. Echó el aliento sobre ellos, intentando calentártelos, pero seguías teniendo las yemas heladas.

Entonces te pidió permiso. No sabías muy bien para qué, pero cuando caíste en la cuenta ya estaba hecho. Cogió tu mano derecha y la introdujo bajo su jersey. Notaste la camisa primero, los botones que le dejaban paso después; hasta llegar a rozar su pecho para acabar siendo acogida en su axila izquierda. Nunca imaginaste que alguien se atreviera a una cosa así.

—Lo hacen los nómadas en las frías noches del desierto.

—¿Frío en el desierto?

Pensaste que, una vez más, había utilizado las palabras de forma equivocada. Pero pronto comprendiste que había querido decir exactamente aquello.

—De noche hace mucho frío en el desierto. Por eso tengo un gorro de lana.

Extraño lugar, pensaste, donde de día había que llevar turbante y de noche gorro de lana. Pero estabas intentando imaginarte aquel paisaje sólo contemplado en el cine, cuando comenzaste a notar que tu mano se calentaba, que el frío desaparecía de los dedos; y lo que era más insólito en ti, que deseabas continuar así y que, incluso, no deseabas que terminase nunca. Se acercó lentamente a ti, ¿o fue sólo su cara la que buscó la tuya ya de por sí bastante próxima? Ahora sentías su aliento en tus labios, avanzando por el aire como una masa de niebla en busca de los juncos de la orilla.

Anteriormente, cuando alguien te había besado, cerrabas los ojos. No sé, tal vez para sentir mejor, o porque te invadía un pequeño o gran pudor, no sé. Pero en aquel momento permaneciste atenta, sabiendo lo que se aproximaba, deseándolo vivamente, y no queriendo perderte ni un solo detalle de aquellos labios, boca, dientes, carne, piel, olor, dulce sabor de Saïf. Notaste cómo el viento del desierto te acariciaba la nuca, ascendía por tu cuello, jugueteaba con el lóbulo de tu oreja. Y sentiste un estremecimiento desconocido hasta entonces.

Aquel día en el súper no diste pie con bola. Las cuentas no

te salían y más de un cliente protestó por tus errores. Hasta la jefa de sección hubo de intervenir.

—¿Qué te pasa, Eva? ¿Problemas en casa?

—No, qué va. Es que me ha empezado la regla y... —dijiste lo primero que se te ocurrió, esperando que la mujer achacara al ciclo femenino el motivo de tantas torpezas.

—Tómate un café y a ver si luego todo sale mejor.

La jefa se tragó la bola, pero Virginia, tu mejor amiga en el trabajo, quiso saber algo más.

—¿Cómo puedes tener dos veces la regla en quince días?

—No es eso —y en cuanto tuviste un momento se lo explicaste con todo detalle.

—¡Un chico! ¿Y tiene los ojos bonitos? —como tardaste en responder, intentando imaginar su mirada, Virginia continuó llena de curiosidad—: ¿Y el culo, estrecho, durito?

Muchas veces habíais bromeado sobre el culo de los chicos que se cruzaban en vuestro camino. A ella le gustan así, duritos y estrechos; a ti un poco más respingones. Pero te costaba pensar en Saïf como en un trasero de tal o cual tipo; es más, ni siquiera te habías fijado en eso.

—¿Que no te has fijado? Pero si es lo primero —Virginia fingió escandalizarse.

Tu amiga era gordita y tenía la cara llena de granos. A pesar de que, cuatro años mayor que tú, ya no cumpliría los veinticinco, bromeaba diciendo que aquello era «acné juvenil», pero la verdad es que se sentía una mujer desafortunada y con poco éxito entre los chicos.

—Si yo tuviera tus ojos —solía decir con envidia—, tus pequitas, o si al menos pudiera peinarme como tú... —decía pasando la mano por su fosco cabello, del que ni la mejor peluquería del barrio podía sacar partido.

Virginia, tan importante en tu historia, a pesar de que entonces aún no lo sabías, trabajaba durante el día en el supermercado, contigo; y al atardecer se sacaba un sobresueldo echando una mano en un vivero que había a las afueras de la ciudad. Era un vivero que abría de doce a doce, festivos y domingos inclusive. Lo que para cualquier otra chica hubiera supuesto una esclavitud, sobre todo si tenía novio con quien salir, para Virginia era una especie de liberación. El vivero llenaba las horas que no deseaba pasar en su casa, con una madre medio inválida y dominanta, que siempre estaba protegiéndola y exigiéndole cuidado y atención.

El vivero... Un edificio de metal y cristal, con zonas cubiertas por plásticos, lleno de plantas y flores, futuros árboles y material de jardinería. Un lugar donde no se notaba el invierno, porque mantenía una temperatura constante.

Ésta era una de las responsabilidades de Virginia, vigilar y mantener la temperatura, para que flores, plantas y futuros árboles no muriesen congelados.

La muchacha era la encargada de cerrar el local por las noches, con el tiempo justo de coger el último autobús, que, para su fortuna, paraba en la misma puerta del vivero, y luego, de regreso, a una manzana de su casa.

Su madre siempre le decía que tenía que dejar aquel trabajo, que terminaba muy tarde, que de noche muchos eran los peligros que podían acechar a una chica joven y sola. Pero Virginia no tenía miedo a la noche ni a los peligros de la ciudad. En su soledad había aprendido a sentirse segura. Y además, ¿qué podía pasar, si sólo tenía que dar unos pasos del vivero a la parada del autobús, y luego, de la parada del autobús a su portal?

Si estuvieras aquí, a mi lado, tal vez me preguntarías, Eva, por qué de repente hablo tanto de Virginia. De cómo es, de su madre, del trabajo que realizaba fuera del supermercado. Pero es que no puedo pensar en ti sin imaginar lo diferente que podría haber sido todo de no haber conocido a Virginia.

En la vida las cosas son así, pequeñas o grandes casualidades, que unos aprovechan y otros no, y que de alguna manera interrelacionan nuestro destino. El autobús que atropella a un niño y que hubiera pasado de largo, sin causar el menor accidente, de no haber mediado la pelota que se escapa y cruza la calle, o de haberse detenido el conductor unos segundos más en la parada anterior. O el que, para protegerse de una tormenta, se acoge bajo las ramas del único árbol en el que, desgraciadamente, caerá el rayo mortal.

—Se llama Saïf, que significa «verano».

—¡Estupendo! —exclamó Virginia llena de satisfacción por vivir, a través de ella, aquel inicio de amor—. ¡Con el frío que hace, un poco de calor nunca viene mal!

Los cristales del supermercado —llenos de anuncios de ofertas y de precios aún más bajos— estaban casi por completo empañados.

Aquella mañana la calefacción había tardado en funcionar y tú, sin poder evitarlo, mientras te quitabas la bufanda, trazaste con un dedo el perfil de un corazón junto al anuncio de un detergente supercolosal. Luego, repetiste el gesto en el cuarto de baño, al que supuestamente habías acudido para cambiarte de tampón y así ganar unos cuantos minutillos más para tu recuerdo.

¿Era Saïf ya entonces tan importante para ti? Aquella tarde saliste del supermercado decidida a averiguarlo.

6 *Saïf*

¡Ay, no sé lo que siento,
no sé lo que pasa,
cuando este maldito amor
me falta!

O algo así. Lo he escuchado varias veces, pero la soprano canta muy deprisa y algunas palabras no las entiendo bien. Ha sido muy interesante escuchar esta música, porque de alguna manera conecta con la de mi país. Nació en Granada (todavía tengo que visitar el gran palacio rojo nazarí Al-hambra) y es normal que lo cristiano y lo musulmán se fundieran en algo tan artístico.

Aparte de todo esto, *El amor brujo* de Manuel de Falla tiene dentro de sí un fuego que ninguna música árabe ha conseguido; tal vez para nosotros ese fuego sea algo próximo al pecado, pero a mí me ha gustado sumergirme en él pensando en Eva.

Intento comprender a Boabdil, a los Omeya, a todos mis antepasados, que estuvieron durante siglos en España, a través de lo que han dejado. De sus obras y de sus influencias. Pero estoy seguro de que cuando regrese a Marruecos ni mi padre ni mi maestro van a comprender mucho de las cosas que les explique.

Entre los dos países no sólo hay un estrecho, mar y espuma, sino también altas montañas, resistentes como el Atlas.

Puede que seamos hermanos, sí, o incluso buenos amigos. Pero ¿alguna vez seremos amantes?

Eva estaba hoy más guapa que nunca. Me encantan sus ojos y sus... ¡sus pecas! Me ha dicho que le ha hablado a una amiga suya de lo nuestro, y a mí me ha gustado porque quiero conocer a sus amigos y quiero que ella conozca a los míos.

Aunque no sé lo que pensará de los que viven medio escondidos bajo el puente de Méndez Álvaro, junto a toxicómanos y ladrones. Viviendo así no es difícil que confundan a los inmigrantes con delincuentes y enfermos.

Ayer estuve visitándolos.

Me ha dicho Mohamed que la policía efectuó una redada hace dos semanas y que sólo se llevó a los «morenos». Tal vez es que los drogadictos están más alerta, y los que roban o trapichean sean más rápidos, pero el caso es que detuvieron a seis o siete moros, como dicen ellos cada vez que hablan de nosotros. Y sólo volvieron dos que tenían un trabajo, o lo que puede parecer un trabajo: cargar cajones de fruta o pescado en Mercamadrid.

Les digo que no pueden seguir así todos los días, escondidos como criminales, y me contestan que qué otra cosa pueden hacer. No tienen vivienda, no tienen trabajo, no tienen dinero y unos pocos hasta roban para sobrevivir. Entonces les he preguntado que por qué han venido a España. Conozco las dificultades del viaje; primero mucho dinero para conseguir un apoyo, luego una *patera* en la que uno se juega la cárcel, el regreso o incluso la vida. Y al final, si todo sale bien, ¿qué?

Qué diferente del pasado, cuando nuestro pueblo llegó a la península con todo su poder y esplendor, formando reinos, califatos, y erigiendo mezquitas tan majestuosas como la de Córdoba.

Hoy los árabes que llegan a España lo hacen de noche, en cáscaras de nuez, cruzando el estrecho de Gibraltar, entre olas, vientos y a veces disparos de las patrulleras. ¿Para qué? Dicen que algunos recogen frutas, que otros son empleados en la construcción, o utilizados como mano de obra barata para la confección de ropa en talleres clandestinos. ¿Clandestinos? Todo es clandestino. Si uno enferma, no existe. Si tiene un accidente, nadie responde por él. Si se muere, al mar o al río. Nunca existió. Sólo existe su trabajo y su sudor. La verdad es que me siento algo avergonzando por hablarles con mi traje sin rotos y con mi cara afeitada.

Si me viera mi padre diría que ya soy un hombre, a pesar de que me acusó de ser un niño por querer dejar mi país y venir a éste. Diría que el mes que viene, que cumplo los veinticuatro, sería un buen momento para demostrar que he aprendido las enseñanzas del Profeta. ¿Has bebido vino, has comido cerdo, te has lavado como manda el Corán, has rezado mirando a La Meca? Ésas son siempre sus preguntas cada vez que uno de sus hijos regresa de un viaje, por corto que sea; aunque sólo haya ido al pueblo de al lado. Su inquietud es mayor cuando uno de nosotros, por estudios o negocios, tiene que ir a Rabat o a Fez o a Casablanca.

De nada nos sirve protestar y explicar a nuestro padre que ya somos mayores. Para él soy muy joven para viajar al extranjero, muy viejo para casarme. Según él tenía que haberlo hecho hace varios años, con una chica que le gustaba mucho, Fátima, una niña de trece años que todavía jugaba con muñecas. Fue el primer enfrentamiento con mi padre, la primera vez que me opuse a sus deseos. Y desde entonces comprendió que yo lo quería a mi manera. Que no iba a poder doblarme «como hace el viento con las mieses». Que no iba a poder empaparme de sus doctrinas «como hace la lluvia con los campos». A él, que siempre le gustaban tanto las frases hechas, se le antojaba, y se le antoja, que «yo soy como un río al que la lluvia, en lugar de mojar, agranda». O como el polen, «al que el viento transporta de un lado a otro para germinar recuerdos de su paso».

No sé de dónde sacará cosas así, porque no creo que el Profeta se haya entretenido en hacer ese tipo de comparaciones, pero no me disgusta.

Hoy ya no escribo más, porque esto no es un diario, sino pensamientos. Y lo que quiero escribir es lo que me pasa aquí y no lo que me espera allí, cuando regrese.

* * *

A la manifestación acudió menos gente de la que yo esperaba. Ni Mohamed ni los del puente de Méndez Álvaro aparecieron por allí. Ni muchos otros. Normal. Tienen miedo a que la poli los coja y los deporte. No quiero ni imaginarme su regreso a casa, desposeídos de todo, humillados e insultados. Por eso luchamos y corremos riesgos. Yo sé que aquí estoy de paso y que las leyes españolas no son mis leyes; pero si no defendemos aquello en lo que creemos, se trate del país que sea, no seremos personas. Aunque por hacerlo acabemos en la comisaría o en el consulado. Además, decir en una pancarta que *todos somos extranjeros,* ¿es algo malo? Decir que *nos une lo que nos diferencia,* ¿es un delito? Gritar en voz alta que *la piel puede ser de cualquier color, el corazón siempre rojo,* ¿es una barbaridad? Y cuando todos nos cogemos de las manos, los *moros* y los chinos de los restaurantes, los guineanos y los chicos y chicas de Madrid, ¿acaso cometemos una locura?

Pues sí, algunos piensan que estamos locos. Porque he visto sus ojos clavados en nosotros, y he leído sus pensamientos. *Apártate de esa chica blanca, sucio extranjero.* He sentido el peso del desprecio como si fuera plomo porque llevaba cogida a Eva de la mano.

Ella en ningún momento ha sentido miedo; al revés, siempre estaba sonriendo, como si aquellos amigos míos fueran en realidad sus amigos. Hasta entonces no los conocía de nada, pero Eva estaba allí, a mi lado, haciendo como que no veía las muestras de desagrado de los que piensan que el mundo está formado por islas, y que así debe seguir estando por los siglos de los siglos.

Cuando habló el primer orador, se me antojó que sólo se dirigía a los que ya sabíamos lo que iba a decir; me produjeron cierta pena, como soledad, nuestros aplausos, que sonaban algo huecos en aquella plaza tan grande y bonita.

¿Servía para algo lo que estábamos haciendo? Es curioso, pero ni siquiera vi a la policía hasta que llevábamos allí cerca de media hora. Y cuando aparecieron se limitaron a pasear bajo los soportales, medio indolentes.

Todo transcurría con tanta tranquilidad que los de siempre propusieron de nuevo que fuéramos hasta la Puerta del Sol para armar un poco de ruido. No era eso lo pactado, aunque en aquellos momentos pensé que tenían algo de razón. Que manifestarse para que sólo nos escuchásemos nosotros no tenía demasiado sentido. Pero aun así teníamos que acatar lo que aceptó la mayoría. Pero no. El grupo que no estaba de acuerdo se separó de nosotros y se dirigió hacia la Puerta del Sol.

De repente todo cambió. Los policías, que parecían apáticos, hablaron por un telefonillo y como por arte de magia nos vimos rodeados por un grupo de antidisturbios, casco, escudo y porra en mano. No estaban dispuestos a dejarnos salir de nuestro gueto.

Siempre igual. Siempre el gueto. Mientras permaneces en él, las cosas son medianamente aceptables. Cuando intentas salir, aparecen las rejas, los perros y ellos dispuestos a todo. Para mí lo más importante era proteger a Eva. Había dejado las clases por estar a mi lado, había salido antes del trabajo por acompañarme. No podía permitir que le hicieran daño. Por eso no me importó que una porra de cuero me abriera la mejilla, porque sabía que iba dirigida a su cara, y que, si la hubiera siquiera rozado, la habría defendido a puñetazos, sin importarme quién estaba enfrente, sin pensar en las consecuencias. Tal vez me hubieran expulsado de España, haciéndonos más difícil, casi imposible, nuestra amistad.

—Vamos, corre, ven por aquí —me dijo Eva arrastrándome de la mano.

Ella conocía la plaza mejor que yo. En una esquina, justo la opuesta por la que se accedía al centro de Madrid, había un arco y unas escaleras. La policía, por descuido, no estaba allí, o tal vez premeditadamente para que saliéramos por aquella puerta, alejándonos así de nuestro objetivo. Ni siquiera nos siguieron cuando echamos a correr, a pesar de que a nosotros nos daba la sensación de que venían tras nuestros pasos, con la porra levantada para golpearnos de nuevo. La herida no me empezó a escocer hasta que nos escondimos en un portal de una calle próxima.

—Tienes sangre —dijo Eva limpiándome con un pañuelo bordado a mano.

—Te mancharás —es lo único que se me ocurrió decirle.

—Voy a guardar este pañuelo sin lavar, como recuerdo —me respondió sumergiendo sus ojos en mí.

La abracé, sin importarme esta vez que mi herida ensuciara su vestido. Tenía que besarla y lo hice. Me entraron ganas de decirle «te quiero», pero no lo hice. ¿Demasiado pronto, demasiado brusco? Eso es lo que sentía.

—¿Te gusta el cuscús?

Eva me había puesto una tirita que llevaba en el bolso. Resaltaba demasiado en mi piel morena. Ella lo notó y se echó a reír.

—Seguro que el inventor de las tiritas era un blanco.

A Eva le gustaba el cuscús. Sólo lo había comido un par de veces en un restaurante de su barrio, aunque, por lo que me dijo, la preparación no era la adecuada. El cuscús que íbamos a comer por primera vez juntos era auténtico. Alí, el que por las noches no me dejaba dormir con sus ronquidos, lo preparaba como si fuera el mismísimo cocinero real. Decía que lo había aprendido en Marraquesch, y su secreto estaba en la pimienta molida que echaba por encima de la sémola. Muy fina, una cantidad muy medida, sólo una pizca de aroma, pero un sabor único.

—Tengo un pelo muy feo —dijo Eva de repente, mientras entrábamos en el metro.

—Me gusta tu pelo.

—¿Qué te parece si me lo corto?

—Como tú quieras.

—¿Y si me lo tiño un poco más claro?

—Como quieras.

Hiciera lo que hiciera Eva me iba a gustar igual.

—Me encanta tu gorro de lana —me dijo tirando de él juguetonamente hasta casi taparme los ojos.

—Te lo regalo.

—No, no. Hace frío. Y además te sienta muy bien.

Por primera vez en mi vida me sentí guapo. Por primera vez desde que llegué a España me sentí hombre; gracias a Eva.

Llegamos a casa antes que Alí. Él también había estado en la manifestación, y nos habíamos citado para después.

En la cocina vimos que todos los ingredientes del cuscús estaban preparados. Mientras esperábamos, nos sentamos en el suelo, junto a unos pufs, delante de unas tazas de té con hierbabuena.

—Me gusta —dijo Eva.

—Allá lo tomamos mucho; cuanto más calor hace, más lo tomamos.

—Me gusta ver cómo lo preparas, el sonido que hace el té cuando lo viertes sobre la taza.

Aquel día, no muy afortunado por lo de la manifestación (se habían llevado a cuatro o cinco detenidos), resultó por lo demás toda una fiesta. De fondo pusimos música de Tánger, del medio Atlas, cánticos bereberes y del desierto. Comimos cuscús —a Eva le gustó mucho, repitió varias veces— y cantamos canciones de aquí y de allí.

Aprovechando un momento en que Alí y los demás compañeros de piso nos dejaron un momento a solas, la besé.

Me estremeció su sabor.

—Tengo una casa demasiado pequeña, con demasiada gente —dije como pensando en voz alta.

Ella, que es muy lista y me coge al vuelo todo lo que quiero decir, incluso lo que sólo sueño, me respondió:

—No importa. Todo tiene solución.

Me apretó la mano. Ya no nos importó que mis compañeros de piso estuvieran allí. Nos volvimos a besar.

—Saïf, esto acaba en boda —rió Alí haciendo un gesto típico de los rituales de nuestra religión.

—Y con hijos —añadió Habib, otro compañero, generalmente muy silencioso, pero al que se le veía contento por nuestra alegría.

—¿Y tú, Eva, qué dices? —le pregunté yo a la mujer que hacía posible que la música de *El amor brujo* y sus canciones desgarradas cuya letra no acababa de entender resonara en mi cabeza.

Eva no dijo nada. Sólo frunció los labios, en un gesto que hasta entonces no le había visto hacer, pero que a partir de ese momento se convirtió en algo habitual en ella. Y sonrió.

Suficiente. Era todo lo que yo necesitaba para seguirla queriendo.

«Cuando una persona muere,
se nos muere.»

Miguel de UNAMUNO

SEGUNDA PARTE

EL INFIERNO

1 Manu

—DICEN que han visto a tu hermana de la mano de un negro en la plaza Mayor. ¿Te vas a quedar así, sin hacer nada?

Wotan mascaba chicle mientras hablaba sin atreverse a mirar los ojos de Manu.

—¡Te he dicho que, a mi hermana, ni mentarla!

—¡Vale, tío, vale! Pero tú sabrás lo que haces —respondió Wotan apartándose ligeramente de su compañero, no fuera a propinarle un rodillazo.

Aunque allí, entre la multitud del estadio, su presencia tenía otro motivo que el de discutir entre ellos. Servicio de orden y vigilancia.

Manu, tragando saliva, notando cómo la adrenalina brotaba a borbotones de su corazón e inflamaba su rostro, clavó sus ojos en el campo. ¿Cuánto tiempo llevaban jugando? El marcador señalaba un empate a cero que no dejaba contentos a ninguno de los dos contendientes; y mucho menos a los más de cien mil espectadores del estadio.

Lo mejor vendría después, se dijo Manu centrándose en lo que había venido a hacer. No quería pensar en Eva, ¡no quería! Pero Wotan, con su sonrisa atravesada, con sus ojos pitañosos, actuaba como si fuera un tábano cojonero; y tal vez lo era. Manu estaba seguro de que al tal David le gustaba Eva. Y, en el fondo, no sabía qué era peor: si encontrásela con el moro o con su compañero. Por unos momentos cerró los ojos, espantado de lo que estaba pensando. ¡Estaba seguro! Lo peor de todo es que Eva estuviera con un extranjero y además árabe. Eso no lo podía consentir. No. Se llevó la mano a la navaja, diciéndose que no era suficiente. Notó cómo el siroco comenzaba a soplar dentro de su cabeza y respiró profundamente para alejarlo.

Un griterío, provocado por un gol que no fue a causa de los palos de la portería, le devolvió a la realidad del momento. Lo otro también era una realidad, y se ocuparía de ella cuando hubieran machacado al Barça como se merecía. El culpable del susto en la portería madridista era su jugador más odiado: uno capaz de imitarlos rapándose la cabeza como ellos cuando sólo era un jodido niño millonario. ¡Cómo se atrevía a hacerlo y a aparecer así, ante sus ojos, vestido de rojo y azul! ¡Pelón de mierda! El que había hecho que otros futbolistas, de fuera y de dentro, sucios extranjeros como Ronaldo e incluso merengues como Roberto Carlos, afeitaran su cráneo como sólo él, Manu, y los suyos tenían derecho a hacerlo. La mirada de Manu sobre el jugador Iván de la Peña, de haber sido un puño americano, le habría aplastado las sienes, de haber sido una navaja, le habría cortado los huevos, y de ser una pistola, le habría volado los sesos delante de todos sus seguidores. Para que aprendiera a respetar lo que para él era todo un símbolo de raza. Un disparo y pim-pam-pum, ¡fuera!

Sería fantástico, se dijo, matar dos pájaros de un solo tiro. Al moro y al calvo, dos escorias menos y para él dos satisfacciones multiplicadas. Pero, a pesar de lo sugestivo de su propósito, resultaba difícil llevarlo a efecto, ejecutarlo. Cada persona era un mundo y vivía en su mundo. El niñato Iván —nombre ruso, seguro que además era comunista— en Barcelona. El moro aquí, en Madrid, aunque todavía no sabía dónde. Pero lo descubriría, ¡vaya si lo descubriría!, y entonces sí que dejaría fluir por sus venas todos los sirocos que quisieran apoderarse de él, para hacerlos suyos.

—Bicéfala —dijo Águila Juan como un susurro, que llegó hasta Wotan, y de Wotan a Teo, y de Teo a Manu.

—Bicéfala —repitió como si estuviera hablando con el frío viento del invierno que cada vez pesaba más sobre sus huesos.

Había sido una buena idea cubrirse cuerpo y cabeza contra frío e identificaciones. También bueno para esconder las armas, aunque la verdad es que, una vez que habían comprobado que estaban en la lista oficial del club, casi ni les habían cacheado.

—Bicéfala.

Era la palabra clave que habían acordado en *La Sangre del Poeta* para ponerse en marcha diez minutos antes de que terminase el partido.

El cero a cero continuaba inalterable en el marcador. Para nadie era bueno, pero menos para ellos. Un triunfo del Madrid les habría vuelto eufóricos y animado a golpear a los Boixos Nois con alegría. Una victoria del Barcelona les habría dado la justificación suficiente para convertir la pelea en una guerra sin cuartel, donde todo fuera permitido. Pero un vulgar empate...

—¡Gol! ¡Gooooooooooooool!

Estaban a punto de abandonar las gradas, de salir por los laberintos de acero y hormigón, cuando fueron forzados a volverse. El grito había llegado desde el otro extremo del estadio. A su alrededor nadie había abierto la boca.

—¡Gol, gol, gol, gol de Iván de la Peña! —gritaba un locutor radiofónico entusiasmado por su cometido.

Manu le habría estampado el cráneo allí mismo. O mejor, se lo habría estampado primero al jugador y luego al comentarista, para que sus sesos se esparcieran sobre el césped; y además, inmediatamente después, habría escupido sobre ellos.

Águila Juan dio un taconazo, que era como una orden de

actuación. Wotan se frotó la manos, mientras Teo se pegaba más y más a Manu. Tenían tiempo suficiente para ir a la salida de la zona norte del estadio, donde estarían sus enemigos. Iba a ser fantástico, en el fondo aquel gol era providencial. Y si no empataba el Madrid en los pocos minutos que le quedaba, la furia iba a desatarse como lo hacen las fuerzas de agua y electricidad de una tormenta.

—¡Joder, qué frío hace! —protestó Wotan acercándose a un puesto de castañas que había junto a uno de los muchos tenderetes donde vendían banderines, bufandas y fotografías de los jugadores.

—Pronto entraremos en calor —dijo Águila Juan con una pasmosa tranquilidad, como si no existiera el menor riesgo para ellos en lo que iban a hacer.

Pero a Wotan le parecía que diez minutos era un plazo demasiado largo. Cogió un puñado de castañas con sus manos, metiéndoselas en los bolsillos de la chupa.

—Pero ¿qué haces? —preguntó Águila Juan en voz baja, mientras que era observado con desprecio por Manu y por Teo.

—Oiga usted, me debe... —intentó decir tímidamente el castañero antes de que su estufa recibiera un patadón, con puntera de acero, del cabeza rapada.

Las brasas salieron disparadas como estrellas fugaces.

La policía montada del exterior observó la escena dispuesta a intervenir, pero Águila Juan arrastró rápidamente a Wotan tras unos coches aparcados en las proximidades.

—¡Estás loco! ¿Quieres que nos breen antes de tiempo?

—Tengo frío —dijo el otro metiéndose en la boca una castaña sin siquiera pelarla, para luego escupir las cáscaras, lo que le dejó la boca negra.

Águila Juan le propinó un golpe en el cuello con el canto de su mano abierta.

Wotan, por unos momentos, sintió que se ahogaba. Los restos de castaña le hacían aún más dificultoso el respirar, y cuando por fin pudo hacerlo tosió con estrépito, expulsando comida y babas a partes iguales.

—Cambio de plan. Los maderos nos han fichado. Nada que hacer en el estadio.

Manu lo prefería así. No tenía ganas de dar el espectáculo delante de mirones cobardes. Lo suyo era golpear sabiendo donde golpeaba.

—¿A *La Barretina?*

Águila Juan asintió con una sonrisa de medio lado. En el fondo a él también le gustaba hacer las cosas bien, y en un descampado los golpes llovían de todas partes y la mayoría se perdían.

En un bar en cambio, y además en un bar regentado por un catalán separatista mamón, todo el mundo iba a saber lo que era bueno. Allí no había inocentes. Los que iban a tomar una copa a aquel local sabían a lo que se exponían, y más en día de partido.

La Barretina se encontraba a diez minutos escasos del estadio. Sólo había que cruzar la Castellana y rodear el Palacio de Congresos. Una calle tranquila, excepto en el bar donde todavía estaban celebrando el gol del calvo.

Cuando Águila Juan y los suyos llegaron al local, los parroquianos saltaban de júbilo porque el árbitro acababa de decretar el final del partido. Resultado: Cero-Uno.

—¿Qué va a ser? —preguntó el patrón con un inconfundible acento catalán. Al ver la indecisión de los recién llegados añadió—: Hoy la primera copa es por cuenta de la casa. *¡Visca el Barça!*

Wotan se había acurrucado en un rincón, comiendo sus castañas y rumiando su odio.

Teo aguardaba el ademán de Manu para hacer él lo mismo.

A Manu no le importaba lo más mínimo que fuera Águila Juan quien eligiera la bebida. Pero el dueño de *La Barretina* ya estaba sirviendo un espumoso en copas alargadas.

—¡Nada mejor que nuestro cava para brindar por el triunfo!

Manu no pudo evitarlo.

—¿Qué triunfo?

Miró al patrón directamente a los ojos, deseando que él, y sólo él, se bebiera el líquido espumoso y luego, sin transición, también se bebiera, masticara y se tragara las copas.

—¿No les gusta el fútbol? —preguntó ingenuamente uno de los parroquianos.

Pero no tuvieron que responder, porque al local ya estaba llegando un grupo de aficionados del Barcelona. Sus gritos, sus vivas, su euforia, estaban revolviendo las tripas de Águila Juan y los suyos.

—Tengo ganas de vomitar —dijo Wotan colocándose repentinamente de pie, dejando que el resto de sus castañas robadas cayera rodando por el suelo. Aplastó con su bota la que tenía más cerca y se echó a reír imaginando que era la cabeza de uno de aquellos catalanes. Pero nadie le prestó atención. Los forofos estaban a lo suyo, hablando de lo mismo, del gol, del jugador portentoso, del entrenador que por fin le había alineado, del mejor equipo del mundo, del... Y todo en idioma catalán.

—En cristiano —dijo Águila Juan como en un susurro.

—¿Desean algo más? —preguntó el dueño del bar, que no había oído bien sus palabras—. ¿Una *mica*...?

—Que hablen en cristiano.

Manu se llevó la mano a la Cruz de Hierro que, oculta bajo la ropa, adornaba su cuello, para seguidamente dejar que se deslizara hacia la navaja barbera. Teo también tanteó su arma, aunque la que él llevaba era una porra de plomo. Wotan, que tenía mucho menos frío que minutos antes, se desprendió del pasamontañas con un brusco gesto.

—¡Iván, Iván, Iván! —corearon algunos de los parroquianos al ver la cabeza monda de David Cortés Hurtado.

Incluso uno de ellos, más bebido o eufórico que los demás, quiso homenajearle a su manera. Primero se besó la punta de los dedos de su mano derecha; luego, como para agradecer el gol o como para conseguir una bendición, depositó esta mano en la cabeza rapada de Wotan. Wotan se la rompió directamente por la muñeca. Fue un gesto tan brutal que los huesos astillados salían a través de la piel. Nadie supo cómo reaccionar. Nadie excepto Águila Juan y los suyos, que parecían haber recibido la orden de ataque.

—¡Bicéfala!

El silbido de la cadena rompió el silencio, y las botellas de la estantería tras el mostrador, para acabar estrellándose sobre el cuello del dueño de *La Barretina.*

Águila Juan era un maestro manejando la cadena. Había aprendido a hacerlo en la calle, cuando era pequeño, en las peleas de pandillas. Pero aquellos gestos instintivos los había coordinado en el gimnasio. Ejercitando artes marciales supo utilizar con eficacia las manos y las armas orientales. Luego aplicó su saber a la cadena.

Teo clavó su porra de plomo entre los genitales del catalán más próximo. Le gustó ver su cara roja primero, violácea poco después. De esta forma sólo tuvo que asestarle un segundo golpe en la nuca para que el simpatizante del equipo extranjero cayera al suelo entre gemidos.

Wotan escupió al que tenía enfrente. Siempre solía hacerlo. Le gustaba ver cómo la gente quedaba paralizada ante uno de sus gargajos, sobre todo si atinaba y se lo colocaba entre los ojos o en los labios. Y en esos segundos de vacilación y desconcierto, él actuaba. Con el puño americano, con la bota de acero o, como aquella noche, con la navaja automática. No dudó en clavársela al enemigo en medio de las tripas. Lo de menos era si le mataba o no. Él se recreaba soñando que lo había rajado como un cerdo y que sus intestinos brotaban como serpentinas o como globos babosos.

Manu tenía frente a sí a un muchacho pelirrojo de unos quince años, con bufanda *blaugrana,* y le gustó ver el miedo en sus ojos. Le encantaba que los demás se cagaran nada más verle.

Manu sonrió. El otro interpretó que aquella sonrisa era de tranquilidad, de que no iba a actuar, al menos con la violencia de sus compañeros. Cuando el pelirrojo quiso darse cuenta y se llevó la mano a la mejilla, la navaja de Manu ya estaba empapada en sangre.

El corte había sido limpio y rápido. Por experiencia sabía que apenas se notaba. Simplemente una especie de rasguño, suave pero intenso, profundo, cercenador de piel, carne y vasos sanguíneos.

—*Escolti...*

El muchacho balbuceaba retrocediendo hacia la pared, contemplando la sangre que empapaba su mano pecosa.

—¿Por qué? —se atrevió a preguntar en su ingenuidad, intentando contener la hemorragia con la bufanda de su equipo.

Manu despreciaba a todos los que no entendían lo que ellos hacían. A esas alturas no iba a ponerse a dar clases para enseñar a los ignorantes lo que debía ser la nueva sociedad. Si querían teoría que se lo preguntaran a Águila Juan, aunque ahora estaba un poco ocupado destrozando con su cadena, manejada como una maza, a cuanto separatista encontraba en su camino.

Manu se limitó a repetir su gesto, rápido y certero. Ahora le rajaba el antebrazo mientras se le acababa de ocurrir una excelente idea. A diferencia de Wotan, Manu no quería matar a nadie. Por el contrario, prefería que siguieran vivos, como recordatorio. Para que les contaran a los demás lo que les había pasado por cruzar la frontera y que nunca más debían hacerlo, o tendrían que aceptar las consecuencias, sus consecuencias. Bajó lentamente la mano que sostenía la navaja, calculando el golpe que iba a asestar. Si se equivocaba le cortaría la yugular, y eso, aparte de que los chorros de sangre podían ensuciarle, no tendría gracia. Pero si acertaba en la oreja...

Se la arrancó de la cara, aunque hubo de necesitar un par de golpes. Con el primero la oreja quedó colgando, como un pingajo. Sólo el segundo hizo que lo que, momentos antes, servía para oír mejor ahora sólo fuera un pedazo de carne para echar en un guiso.

—¿La quieres de recuerdo o me la llevo? —preguntó Manu hablándole directamente al trofeo ensangrentado, como si se tratase de un micrófono portátil.

El muchacho, aterrorizado, quiso decir algo. Tal vez insultar a su verdugo, o acaso pedir perdón, suplicar, porque quizás pensaba que después de la oreja podía segar su vida. Sólo consiguió que de su boca salieran unos espumarajos, borbotones inconexos de miedo.

Manu se sintió tan satisfecho de haber conseguido su objetivo que se dijo que ya era suficiente, que para qué iba a llevarse a casa ese recuerdo. Que no deseaba recordar a aquellos asquerosos. Metió la oreja en la boca del muchacho, obligándole a conservarla allí sin escupirla.

—¿Vamos? —le preguntó casi más con la mirada que con las palabras a Águila Juan.

Éste asintió rematando con la cadena lo que había comenzado y le saltó un par de dientes al catalán más próximo, que estaba escupiendo sangre.

Salieron corriendo de *La Barretina;* corriendo y riendo

como si estuvieran locos, recordando lo que habían dejado atrás sin haber sufrido ellos ni el más mínimo arañazo. Se sentían orgullosos de ser tan profesionales.

De pronto, al doblar una esquina, se dieron de morros con todo un destacamento de la policía (caballos, *jeeps*, escudos y perros adiestrados) y supieron que aquella batalla iba a ser mucho más dura y difícil que la que acababan de librar en el bar catalán. En su estrategia pactada en *La Sangre del Poeta* Águila Juan les había instruido que la mejor defensa era una buena huida. Impedir por todos los medios que los maderos les utilizaran de conejitos de Indias con su material antidisturbios. No les importaba recibir tres o cuatro golpes si luego se escabullían y no tenían que declarar ante el juez.

Manu, pegado a una pared, buscando un resquicio por el que largarse de allí solo o acompañado, lo mismo daba, dejó que la navaja cayera de su mano al suelo; y, de un puntapié, la echó hacia la rejilla de una alcantarilla cercana.

Los policías se ensañaron con los dos primeros, Teo y Wotan, a quienes los perros sujetaban por brazos y piernas con sus poderosas mandíbulas.

Águila Juan se perdió en la fría oscuridad sin volver la vista atrás.

Manu echó a correr volviendo por unos instantes la cabeza, a tiempo de ver cómo una porra policial le abría la cabeza a Teo. Hubiera preferido que se tratara de Wotan; es más: ¡hubiera dado algo porque el melón partido fuera el del llamado David! Pero no se detuvo; al contrario, corrió con más velocidad, buscando un callejón oscuro, un portal profundo, el vehículo que les había conducido hasta allí. Cualquier cosa con tal de huir de aquella trampa. Porque si le detenían no le sería posible llevar a cabo lo que su siroco, imperiosamente, le estaba empezando a ordenar.

2 *Eva*

CON el pelo corto estabas todavía más guapa. Parecías un chavalín, una adolescente recién salida del colegio. Y con tus pecas jugueteando por toda tu cara, una niña revoltosa. Te habías dado unas mechas un poco raras. Lo notaste en cuanto te miraste en el espejo de la peluquería. Mejor hubiera sido dejar tu pelo tal cual. Hasta Virginia te lo dijo al verte llegar.

—Estás guapísima, pero ¿por qué las mechas?

—No sé, se empeñó Mari, la peluquera, y cuando quise darme cuenta ya no había remedio.

—De todas formas estás guapísima. Le vas a dejar flipado.

—¿A quién? —preguntaste con una falsa ingenuidad. Porque sólo había una persona en el mundo a quien deseases gustar.

El problema es que tu hermano lo sabía.

—¿Por qué te has hecho eso? —te preguntó una noche, mientras se cruzaban vuestros caminos, él salía, tú llegabas.

—¿Y por qué no? ¿Acaso tengo que pedirte permiso para cortarme el pelo?

—No me gustas —dijo dándote la espalda —. Pareces un tío.

—¿Crees que me importa lo que digas? —le respondiste picada, incómoda porque Manu se empeñaba en seguir haciendo de padre contigo.

¿Piensas, Eva, que las cosas habrían cambiado de tener a tu lado a un padre, a un verdadero padre? ¿Que habría sido diferente de poder contar con un padre que no hubiera huido de casa como un ladrón en la noche? ¿El destino hubiera sido otro de saber que todos los días, al regresar a casa, tu padre te estaría esperando, como hacían otros padres con sus hijas a la salida del colegio?

Seguro que sí. Quiero creer que sí, y que las cosas habrían sido de otra manera, más normales, más sencillas y, sobre todo, bastante más alegres.

Eva.

Estabas con Virginia, muy guapa, pelo corto, pecosa, sonriente, con mechas. Aquel día de trabajo se te hizo eterno. Cuentas y más cuentas, la calculadora, la caja registradora, jabón en polvo, fruta, cervezas, yogures, lechuga, tostadas para el desayuno, margarina, cajas de tampones, leche desnatada, huevos morenos, latas de conservas, leche semidesnatada, cepillos de dientes, chicle, salchichón en rodajas, queso rallado, leche entera con toda su crema, espaguetis, miel, magdalenas, carne picada, boqueroncitos, más yogures. Así hora tras hora, carrito tras carrito, la señora con sólo una barra de pan que se quiere colar, el niño que rompe la botella de naranjada, el colgadillo que ha querido robar y ha sido echado a patadas para no tener que llamar a la policía. Hora tras hora, muchas horas, sin casi tiempo para ir al servicio, ni siquiera para tomarte un café calentito, con mucha leche, como a ti te gustaba. Menos mal que dos cajas más allá estaba Virginia, ilusionada con tu ilusión, guiñándote el ojo cuando la jefa no os veía, sacando la lengua cuando el cliente pesado se marchaba ya de una puñetera vez. Pero tú estabas deseando ir a la academia, deseando verle y, sobre todo, que te viera con tu nuevo peinado.

Saïf no apareció y a ti se te cayó el alma a los pies.

Ni siquiera aguantaste la clase entera; pretextando que no te sentías muy bien abandonaste el aula diez minutos antes de que acabara. La calle de la academia, tranquila de por sí, te pareció aquella noche fría de invierno triste y casi muerta. Ni siquiera había un gato vagabundo que maullara desde un tejado próximo. Nada, únicamente la luna que se reflejaba sobre los charcos medio helados entre los huecos de los árboles. Y eso que hasta allí llegaban los resplandores de la otra calle, la principal, iluminada para las fiestas, con campanitas y hojas de muérdago, con velas y leyendas de Feliz Navidad. Pero eso, en aquellos momentos, resultaba todavía peor, porque te envolvía en un halo melancólico del que no sabías cómo escapar. Pensarías sin duda, abrigándote bien con la bufanda y lanzando una ojeada al cielo, que sólo faltaba que lloviese.

Empezaste a caminar, primero mirando a todas partes, por si de improviso lo veías venir corriendo, disculpándose porque había tenido que ir a algún sitio, por si salía de repente de un portal, jugueteando al escondite, tapando tus ojos y preguntando con su inconfundible acento: «¿Quién soy?». Luego, ya desengañada, camino del metro, bajaste la cabeza para clavar la mirada en los adoquines del suelo, los antiguos adoquines que se veían a través de los agujeros de una capa de asfalto deteriorada, adoquines entre los que se apreciaban trozos de vía del tranvía de otras épocas, como aparecen en algunas películas, en *Doctor Zhivago,* por ejemplo, una de tus favoritas, en las que el protagonista ve a su amor por última vez desde un tranvía, mientras se muere, se muere sin poder siquiera llamarla. Muy triste, muy emocionante, bella, cómo lloraste mientras sonaba la música y ella sin saberlo se alejaba para siempre, ¡para siempre jamás!, de su gran amor. ¿Por qué se te ocurriría pensar en *Doctor Zhivago* en aquellos momentos? ¿La vía del tranvía, el alejamiento del ser amado? ¡Oh, no, no podía ser! Aceleraste el paso. Ahora sí que sabías adónde dirigirte, aunque fuera al otro lado de Madrid, aunque llegases a tu casa no se sabía cuándo, y al día siguiente hiciera falta una excavadora para sacarte de la cama.

Al llegar a su barrio —metro y autobús, además de preguntar una y otra vez— sufriste el segundo bajón de la noche. Todas las casas te parecían iguales. Bloques y más bloques, y a uno de ellos te había conducido Saïf para comer cuscús.

—¿Moros? —Habías preguntado por un grupo de árabes, pero te respondieron con una pregunta algo despectiva—. ¿Moros? Por aquí hay demasiados.

Creías haberte dirigido a gente que comprendía, gente como tú, a chicos de tu edad, menos maleados que los adultos. Pero aquella pandilla, algunos sentados en sus motos de baja cilindrada y mucho ruido, bebiendo litronas, no pudieron o no quisieron señalarte el camino correcto. Cada vez hacía más frío, cada vez estaba más oscuro, y la luna pretendía esconderse tras unos nubarrones blancos que tal vez anunciaban nieve.

Estabas inquieta, cansada y dolorida. En el fondo te reprochabas haber ido hasta allí para nada. ¿Y si encima pasaba algo desagradable? Una chica joven y sola, en un barrio extraño. ¿Quién la iba a defender? ¿Los de las litronas? ¿O los árabes aquellos que te miraban pasar desde la profundidad de sus ojos? Te acercaste a ellos con esperanza.

—¿Eva? —preguntó uno de ellos.

—¡Alí! ¿Qué hacéis aquí, en la calle, escondidos?

—Somos escondidos —respondió en su mal castellano.

—¿Por qué? —pero antes de que el otro pudiera responder, preguntaste lo que más te importaba—: ¿Y Saïf?

—Dentro en comisaría —dijo Alí moviendo la cabeza de lado a lado.

—¿Detenido? —te estremeciste al oírlo.

—No, detenido no, sólo declaración.

—¿Por qué?

—Haber pelea en Madrid, cuchillos y sangre.

—¿Quién se ha peleado?

—No sabemos, no idea. Un nigeriano herido, muy herido, tal vez muerto. Árabes y negros, interrogatorio.

—¿Quién lo ha hecho?

—No saber.

—¿Blanco o negro?

—No importar —respondió Alí.

Comprendiste que tenía razón. Que lo importante es que había un hombre herido, y que fuera quien fuera el que lo hubiera hecho, negro, árabe, chino o blanco, era un criminal.

—¿Tú, vosotros, habéis estado ya en la comisaría?

—Imposible. No tenemos papeles buenos, algunos ilegales. Deportación.

—¿Dónde está Saïf? —preguntaste con determinación.

Te dijeron que en la comisaría de La Latina, y allí te fuiste, en el primer taxi que se cruzó en tu camino. Le estuviste esperando más de hora y media. ¡Qué cantidad de minutos tiene una hora y media!, ¡qué despacio pasaban!

No te explicaste, ni en aquellos momentos tenía la menor importancia, el porqué había tenido que ir a declarar a la comisaría de La Latina. ¿Tal vez es que la agresión había tenido lugar por aquella zona?

Al salir, calándose su inconfundible gorro de lana color granate, cansado, con su parka azul marino, como la tuya, estremecido por el frío, con la sorpresa de encontrarte allí, sentada en una acera, tus ojos llenos de lágrimas, lágrimas que se iban cristalizando conforme crecía el frío, Saïf se echó en tus brazos. Te gustó la sensación de acogerle en tu pecho.

—Eva, Eva...

—No digas nada, Saïf, ya ha pasado todo.

Eso es lo que hubierais deseado los dos. Pero aquello era sólo el comienzo. Mientras os tomabais un café calentito en el único bar abierto de la zona, Saïf te dio la mala noticia.

—Dos semanas.

—Dos semanas... ¿qué? —preguntaste temerosa, deseando equivocarte, que lo que estabas pensando en aquel instante no fuera más que el producto de una pesadilla, no la realidad.

—Sólo dos semanas, luego debo regresar.

—¿Te han echado de España?

Saïf sonrió y te volvió a estrechar contra su pecho.

—Dos semanas son catorce días, muchos días. Podré pasar las fiestas aquí, contigo.

—¿Por qué te han echado? ¿Te han pegado dentro?, ¿qué te han hecho?

—No pegado, nada malo, sólo preguntas, muchas preguntas. Al final consejo. Lo decía uno muy serio: «Es sólo consejo, vete antes del año nuevo a tu tierra, morito, vete a tu tierra, lejos; dos semanitas, por si no sabes contar, morito».

—¡Entonces no te han expulsado! Tienes tu beca, tus papeles en regla, puedes seguir aquí —replicaste con esperanza—. ¡Eso no es legal! —Lo que había pasado es que querían meterle miedo, sólo eso.

—¿Tú crees? —preguntó Saïf, más realista—. Si no me voy, vienen a buscarme. Y a buscar a todos los compañeros. Mucho peor.

—Pero, si te vas...

Ibas a añadir «¿qué va a ser de mí?».

—Escucha...

Saïf, no supiste cómo, hizo una especie de milagro. O simplemente magia, pero a ti te trastornó. Señaló la luna fría, medio oculta.

—¿La ves? Allí, en mi país, es la misma luna. Pero en el desierto, mañana, cuando salga el sol hará calor. Tú y yo en las dunas rojas, ¿recuerdas?

Y entonces desapareció el frío, la noche, el invierno, el miedo al adiós, la amenaza; sólo estabais él y tú en el desierto. Era como si os hubierais metido a través del chorro de luz de un proyector de cine en el interior de la pantalla para vivir una película más real que la vida misma.

—Mi nombre significa verano, ¿recuerdas?

Te abrazaste a él como si quisieras atrapar todo su calor, estremecida.

—Mi nombre es Eva —quisiste bromear—. Y si le doy la vuelta soy ave y podré volar. Volar hasta tu tierra, hasta el desierto.

Saïf te miró como si acabara de descubrirte, de enamorarse por primera vez.

—Eva, tú eres chico bonita —dijo él equivocándose al hablar. Pero el error te hizo reír.

—Es verdad, soy chico bonita. También me lo ha dicho mi hermano.

—¿Tienes un hermano?, ¿cómo es? No me has hablado de él —dijo Saïf mientras caminabais muy próximos el uno al otro, enlazadas las cinturas.

Pero lo último que querías hacer era perder el tiempo hablando de Manu.

—Antes tienes que hablar bien el español. ¿Qué es eso de chico bonita? ¿O querías decir chica bonito?

—Quiero decir que tú gustas mucho a mí... —hizo un esfuerzo por arreglar la frase—. Me gustas mucho, ¡eso es! Tus ojos y tus... tus pecas, ¡ya lo sé decir! Pecas, eso es, ¡pecas! —Saïf sonreía como si ambos estuvierais en el más feliz de los mundos, en un paraíso.

Pero tú estabas muy preocupada.

—En sólo dos semanas no creo que consigas hablar bien el español; deberás quedarte más tiempo —replicaste inclinando la cabeza, contemplando vuestros pies avanzando sobre la acera.

—No importa —tras una pausa te hizo una confesión, para ti emocionante—. Por eso escribo mi diario en árabe.

—¿Estás escribiendo un diario?

—Sí, claro, sobre todas las cosas, España, yo, tú.

—¿Hablas de mí?

—Mucho, constantemente. Cuando me vaya te lo dejo. Un recuerdo.

—¡Pues vaya recuerdo! —protestaste en broma—. Como no me des clases de árabe, ¿de qué me va a servir?

—Yo te doy clases de árabe. Clases particulares.

—¿Ahora?

—Ahora.

Acercó su boca a la tuya y te besó. Recibiste su boca y le besaste. Con otros chicos había sido un fugaz intercambio de humedades, pero con él era la necesidad de meterte dentro, de que si se iba te llevara consigo, de que no querías abandonarle aunque para eso tuvieras que echar a volar, cruzar el mar y llegar hasta el desierto.

Las dunas rojas...

A partir de ese momento —¿o fue un poco después, cuando llegaste a casa?— pensaste en crear unas dunas rojas para él, aquí.

—Háblame de esas dunas —le suplicaste. Temías no tener la suficiente imaginación y que el escenario deseado se quedara en un simple decorado de teatro de pueblo. Lo hizo mientras un taxi os llevaba hacia su casa, por unas calles casi desiertas por el frío, silenciosas, deshabitadas.

—Nos levantamos tú y yo temprano, de noche, como ahora.

Vamos a la orilla. Los desiertos son igual que mares, tienen orillas. Mi desierto antes era mar. Yo he cogido caracoles y conchitas de entre la arena.

—¡No es verdad! —protestaste pensando que te estaba tomando el pelo.

—Hace miles de años, mi desierto era océano. Hoy sólo quedan piedras, fósiles, ¿se dice así?

Asentiste sin estar muy segura, diciéndote que tenías que estudiar más, mucho más, para conseguir tu llave mágica y que Saïf estuviera orgulloso de ti.

—Luego —prosiguió el muchacho cogiéndote de la mano—, nos sentamos en suelo. Esperamos. El sol aparece. La arena poco a poco se hace roja.

—Como la sangre —se te ocurrió decir de repente, sin saber muy bien por qué.

—Como la sangre —Saïf, inesperadamente, se echó a reír. Tú le miraste extrañada, porque tu sentimiento no era precisamente de alegría—. Es curioso, todos tenemos sangre roja, blancos, negros, indios, todos, aunque no les guste a algunos.

El silencio de la barriada fue quebrado por el ruido de unas motos. Los de las litronas abandonaban su lugar de cita y avanzaban por la calle en que estabais vosotros. Tu primera intención fue la de apartar a Saïf de allí. La de Saïf, por el contrario, fue la de permanecer en donde estaba, pero soltó tu mano. Buscasteis, en medio de la oscuridad, la mirada de los que ya estaban cerca. La luz de los focos os cegó por unos instantes. El ruido de los motores era cada vez más intenso. Él y tú seguíais allí, juntos. La luna, tal vez por lo que podía suceder, se escondió avergonzada tras una nube. Se escuchó como una especie de disparo, tal vez de un arma de fuego, acaso simplemente el tubo de escape de una moto.

Tomaste de nuevo su mano con fuerza, segura de que, pasara lo que pasara, ibas a estar a su lado.

3 *Saïf*

Es horrible lo mal que hablo el idioma de Eva. Me equivoco siempre. Lo mismo me ha pasado con la policía española. Se han burlado de mí.

—¿Dónde has nacido? —me preguntaron, a pesar de que tenían en las manos mi pasaporte.

—En Atlas —respondí recordando mi casa, mi familia, lo que diría mi padre si me viera aquí.

—Este morito ha nacido en un mapa —se rió el que parecía el jefe—. ¿O es que quieres hacerte el graciosillo y tomarnos el pelo? —dijo jugueteando con su cigarrillo encendido a dos palmos de mis ojos.

—No, señor —insistí—, yo nací en Atlas. —Podía ver en mi cabeza la cordillera de mi país, la que necesitan cruzar los del norte para llegar a las tierras cálidas. Yo nací del lado del desierto, aunque el desierto está lejos de casa, pero he ido a verlo muchas veces, tengo un tío en Rissani, vende alfombras y babuchas, Rissani es la puerta del desierto, una ciudad con fortaleza construida por Moulay Ismail. Mi tío fue el que me llevó a ver por primera vez las dunas rojas.

—Éste se quiere quedar contigo —dijo un ayudante levantando la mano, como para pegarme. Yo no quería quedarme con él. ¿Cómo va a quedarse una persona con otra? Eso era en tiempos de los esclavos.

—Espera, ya tendremos tiempo de zurrarle la badana si se queda un solo día más del plazo que le hemos dado. ¿Comprendes lo que quiero decir, Mustafá?

—No me llamo Mustafá —protesté.

—Te llamas como a mí me da la gana, Mustafá. Y si no te largas de este país antes de quince días... —Hizo un gesto feo, un gesto que si lo ve mi padre seguro que saca el alfanje y le corta la mano de tajo—. Porque este país no es el tuyo, ¿te enteras? Y aquí no queremos ver más caras sucias como la tuya, ¿te enteras, Mustafá?

—Me llamo Saïf —dije sacando valor de no se sabe dónde.

—Porque estamos en navidades, que si no... —dijo una voz a mis espaldas, quizás lamentando no pegarme una paliza y así desahogarse.

Comprendí el horror de mis compañeros sin papeles, los ilegales y los enfermos, los desesperados y los que ni siquiera hablaban un poco el idioma. Si eso me pasaba a mí, que los tenía, ¿qué iba a ser de ellos? Pero luego, al abandonar la comisaría, todo se me pasó de repente. Eva estaba allí, esperándome, no sé cómo me había encontrado, pero estaba allí. Se había cortado el pelo, estaba bellísima. Mi padre se enamorará de ella cuando la vea, seguro. Asentirá sin decir nada y dará las gracias al Profeta por nuestro encuentro, seguro. Dejarla hoy me ha costado más esfuerzo que nunca, por eso me he puesto a escribir estas páginas aunque estoy agotado por todo lo que ha pasado. Quizás escribir me ayude a encontrar una solución a mi vida. Tampoco yo quiero separarme de ella, pero ¿qué puedo hacer? ¿Qué? ¿Dejarla que se convierta en un ave y venga a mi país volando?

Alí y los demás querían saber lo que había pasado en la comisaría. Se lo he dicho quitándole importancia, pero al mismo tiempo avisándoles de que la policía está siguiéndonos los pasos, posiblemente vigilándonos, y que cuando hagamos algo que no les guste saltarán sobre nosotros. Alí, muy nervioso, se ha puesto a recitar versículos del Corán, como si eso sirviera de algo. Como dicen aquí, «a Dios rogando y con la maza dando». ¿La maza o el mazo? Otra vez mis problemas con el idioma.

Eva tenía razón. ¿Para qué le voy a dejar un diario en árabe? Un día estaba hablando con un compatriota en un bar de Tetuán, no el Tetuán de allí, sino el de aquí, que creo que se llama Tetuán de las Victorias, cuando el camarero nos dijo que si queríamos que nos sirviera teníamos que hablar en «cristiano». En España se habla en «cristiano», ya lo sé. Aunque no todos son cristianos, éste es un país libre. Muchas religiones, y muchos idiomas, uno es vasco, otro es gallego, otro catalán. En nuestro país se habla un montón de dialectos. Pero eso es bueno, judíos y cristianos, juntos; árabes y judíos, juntos. Juntos cristianos y árabes. En mi opinión, esto enriquece a los pueblos. Pedimos algo de comer, esforzándonos en hablar un buen español de Madrid.

—¿Un «perrito caliente»? —nos ofreció el camarero mostrándonos una salchicha.

Pusimos cara de poca satisfacción. Él debió de pensar que era por la forma.

—No os preocupéis, que no es la parte del perrito que os imagináis —dijo echándose a reír. Sin duda se trataba de una broma obscena, pero nosotros no nos reímos de la broma porque no nos hizo ninguna gracia. Si no quisimos la salchicha fue porque no comemos cerdo, y ya está. No vamos a ir por todos los sitios contando nuestras costumbres; cuando no queremos, no queremos y basta de explicaciones.

Mientras los demás duermen, sintiendo ya que el sueño se acerca a mí, vuelvo a escuchar la cinta con la música de Falla, que he comprando en un mercado que se llama El Rastro. El puesto de las cintas estaba al lado de otro en el que vendían libros con cruces gamadas; también vendían adornos militares de la segunda guerra mundial. Águilas y Cruces de Hierro. Me pareció que eso también demostraba libertad. Era bueno que al lado de música hermosa se vendieran terribles recuerdos nazis. No, no era bueno que se vendieran, era bueno que existiera la libertad de venderse. En mi país es diferente, en muchos países del mundo es diferente. Ahora voy a hacer una cosa, cerraré los ojos y, con los auriculares, sin molestar a mis compañeros de piso, dejaré que *El amor brujo* me acompañe hasta mañana. Hasta mañana...

* * *

Me quedan tantas cosas por hacer.

Quisiera acabar mi estudio sobre la música española; o más exactamente, sobre la influencia árabe en la música clásica española. También en la poesía. En uno y otro caso las mejores muestras las encuentro en Andalucía, aunque también las hay en otras regiones como Valencia, Murcia o Extremadura.

Machado, Lorca, Jiménez, Falla, Albéniz... Pero Albéniz no es andaluz, sino catalán. Como Granados. Todos grandes músicos.

Me han contado que en Cataluña hay muchos inmigrantes y que trabajan hasta reventar por unas cuentas pesetas. Que hay quien les ayuda y que hay quien les explota; como en todas partes.

Me falta tanto por aprender y sólo faltan dos semanas.

Claro que siempre me queda el recurso de volver más adelante; eso si mi padre consiente y las autoridades españolas se olvidan de mi nombre. No puedo quejarme porque soy afortunado: tengo pasaporte en regla, tengo algo de dinero y no vengo a trabajar, sino a estudiar. Por eso me gusta enseñar, porque sólo comienza a ser libre la persona que tiene conocimiento. El analfabeto siempre es utilizado por el poder. Lo sé bien por mi país, por cualquier país donde exista la ignorancia. Una de las mayores ignorancias es la del idioma. Si todos los que protestan supieran lo difícil que es dejar el país de uno —familia, costumbres, paisaje— y encima no entenderse, tener que hablar por señas, ser mal comprendido y no tener idea de lo que nos dicen los demás. Si todos los que protestan viajaran un poco, sin apenas dinero, a la aventura; y aún más si ese viaje se hace a la fuerza, porque peligra tu vida en tu tierra, porque no tienes qué comer...

Ayer, contando los días que me quedaban para tener que decir adiós a este país que quiero, hice un recorrido por los lugares donde viven todos mis conocidos.

Los del puente de Méndez Álvaro lo estaban pasando mal. Rodeados por la policía municipal y nacional, estaban siendo expulsados, mientras unas enormes máquinas tapiaban el ojo del puente para que no volvieran a acampar allí, en el gueto. ¿Dónde iban a dormir a partir de entonces los desterrados de su último y miserable refugio? Una mujer parecía ser su única voz, con las medias rotas, insultando, llorando y suplicando a los policías. Lo vi a cierta distancia, sin saber cómo intervenir. No tenía ganas de tener que dar nuevas explicaciones, y menos en la comisaría. Sólo de pensar que podían estar los mismos que me habían llamado a declarar se me pone la carne de gallina.

Luego, como una especie de despedida, me di una vuelta por Madrid. Madrid no es Londres, ni París, ni mucho menos Nueva York, ciudades llenas de negros, chinos, sudamericanos, todos conviviendo con los blancos.

Me gusta Eva. ¡Qué me importa que sea blanca! Eso no es bueno ni malo. Mi padre, cuando la vea, pondrá los ojos saltones como los de las cabras del Atlas. Sin duda él hubiera preferido para mí una chica de la familia. Otra Fátima... Mi padre es bueno, pero demasiado tradicional. Y además estoy seguro de que Eva, a pesar de ser blanca, le va a enamorar. Le contaré un cuento, le diré que a pesar de su piel blanca y de sus pecas es de familia gitana, que los gitanos españoles son como nosotros, aunque dicen que tienen su origen en la India, y no en África. Es posible, pero los ojos de los gitanos son nuestros ojos. Y eso que, bien mirado, los ojos de los indios también son nuestros ojos. Y los ojos de los sudamericanos. Tienen nuestros ojos y el color oscuro de nuestra piel. En el fondo, y a veces también en la forma, todos somos iguales.

—¡Saïf! —me gritó un compañero de clase, que aquella noche trapicheaba por Chueca.

—¿Qué haces tú por aquí?

—Nada, sacarme unas pesetas.

—¿Cómo?

Con cierto reparo me mostró una papelina blanca. Me entraron ganas de arrebatársela y arrojarla a la alcantarilla más cercana.

—Si te viera tu padre, se avergonzaría de ti.

—Mi padre murió hace un par de años —me respondió, con una mirada cada vez más agresiva—. Por eso he tenido que venirme aquí, para ayudar a mi familia.

—¿Y crees que el Profeta aceptará esa ayuda, con la que puedes destrozar a otras familias?

—A mí no me importa nada el Profeta —blasfemó—, sólo mi madre y sus hijos.

—Con lo que haces dejarás a muchas madres sin hijos. Adiós —le dije estrechándole la mano. No me importó estrechársela porque era un paisano y porque sabía que estaba desesperado. Sólo un desesperado se convierte en un criminal lejos de su país.

—Adiós, Saïf. Cuando vuelvas a casa...

De sus palabras había desaparecido la violencia. Hube de volverme, porque parecía como que me estaba pidiendo ayuda.

—Dime.

—Si ves a mi familia, les dices que estoy bien.

—¿Me pides que les mienta?

—Y ni una palabra sobre esto, ¿de acuerdo?

Le miré fijamente, sin saber qué decir. No quería hundirle aún más en el pozo sin fondo en que se encontraba y eché a andar Cibeles arriba, Puerta de Alcalá, Retiro adentro, donde estaban las barcas en las que Eva y yo algún día habríamos de subir. ¿Cuándo? Allí también había compañeros que se ocultaban tras los árboles como sombras. Escuché acentos que no comprendía. Argelinos, tal vez; tal vez mauritanos. Y luego los de Sudán, los nigerianos, los de Guinea, Malí, Burkina Faso. Pocos, pero todos reunidos, como organizando su propio gueto, cerca del estanque. Entonces, allá, bajo el frío de la luna fría, tuve la idea.

Tenía que regresar a casa rápidamente para organizar algo en su ayuda. No bastaba con que les diera clases de español. Tenía que fundar una sociedad, empresa o como se llame, con asesores legales, con profesores titulados, ayudantes, médicos, lo que fuera, para que no tengan que esconderse como alimañas. O que no hagan como mi compatriota de Chueca, olvidarse de los hermosos camellos de arena de nuestro desierto para acabar convirtiéndolos en patéticos camellos de nieve.

* * *

Querida Eva:

Esta carta, una vez que la haya escrito con el corazón, la traduciré con la cabeza, lo mejor que sepa o pueda, para que puedas guardártela hasta que regrese a tu lado. No sabes lo importante que tú has sido para mí; y además, quiero que lo seas mucho más. Tal vez sea buena nuestra separación, porque así sabremos si esto no habrá sido sólo un espejismo. Sé que es difícil tener un espejismo en invierno, pero recuerda que yo me llamo «verano», y que en el desierto esto siempre es posible. No sólo posible: los espejismos suceden a menudo, casi siempre que hace calor. Por eso, a pesar del poco tiempo que llevamos conociéndonos, estoy seguro de que no eres un espejismo. Cada vez que tu mano se ha cogido de mi mano, he sentido un escalofrío. Cada vez que me has besado, he sabido lo que son los dátiles y la leche que los nómadas ofrecen a los viajeros.

Tú, Eva, me has ofrecido tu calor, tu mirada profunda, tus sonrisas, que te tomo prestadas sólo hasta que vuelva. Cuando vuelva quiero que me presentes a tu familia, como yo haría con la mía en cuanto llegases a Marruecos. Un poco difícil al principio, ya lo sé, algo violento, pero luego todos se enamorarán de ti. ¿Y los tuyos de mí? (Esto último lo tacho, porque es sólo una tontería.)

Ahora, mientras escucho la cinta con la música que tanto me gusta, echo una mirada a la calle de mi barrio. No hay nadie, ni siquiera los chicos de las motos, ¿recuerdas?

Por un momento temimos que se nos echaran encima, pero sólo jugaron a dar vueltas a nuestro alrededor.

Iban medio bebidos, pero eran simpáticos. Uno de ellos gritó algo así como:

—¡Cuídala que es muy bonita!

Tal vez dijo otra cosa más vulgar, pero yo quiero creer que eso es lo que dijo, y que te sonreía.

Mientras se alejaban armando ruido, nos abrazamos.

Qué duro fue tener que despedirme de ti aquella noche, tan larga e intensa.

—No puedo quedarme contigo —me dijiste a modo de disculpa.

No te lo iba a pedir, aunque lo que más me apetecía en esos momentos era no separarme de ti.

—Mañana... —empecé a decir, temblando un poco por el frío, o porque tú también temblabas a mi lado; lo sentía bajo tu parka, al abrazarme.

—Mañana o pasado, seguro. Te prometo que antes de que te vayas —me dijiste muy convencida, todavía no sé de qué.

Me gusta verte fuerte cuando las cosas son difíciles, Eva. Me gusta que no te pongas a llorar pidiéndome que me quede; porque además de que sabes que es imposible, me hubiera hundido mucho más.

Quiero que seas siempre fuerte, porque los dos juntos seremos como los protagonistas de las películas americanas: ¡invencibles! Tenemos que tomarnos a broma lo que sólo es algo provisional. Pero déjame que te pida un favor, Eva, un favor muy, pero que muy importante. Que me esperes. Necesito que me esperes. Prometo que volveré, pero sólo lo haré si tú me esperas. ¿Lo harás, verdad?

¡Ay, no sé qué siento,
no sé qué pasa,
cuando este maldito amor
me falta!

4 *Manu*

—¿SABÉIS por qué existen chinchetas transparentes? —preguntó Wotan masticando chicle y escupiendo a través de sus irregulares dientes sucios. Aunque nadie parecía escucharle terminó su chiste—. Porque también los catalanes tienen derecho a ponerse lentillas... —Se echó a reír mientras añadía en voz más baja—: Y los negros, y los moros, y los judíos, y los niños pijos, y...

—¿Dónde está Teo? —quiso saber Manu, indignado porque David Cortés Hurtado hubiera podido escapar y en cambio su alevín no.

—¡Y yo qué sé! ¿Acaso soy su papaíto? —Wotan se bebió de un trago media jarra de cerveza y empezó a encender un porro antes de añadir lo que parecía ser un pensamiento en voz alta—: Ocúpate de quien tú sabes y déjanos en paz a los demás.

Manu se colocó el puño americano de acero en la mano derecha y la cerró con fuerza, clavando sus uñas en la palma, sin sentir el dolor.

Echaba de menos su navaja barbera. De haberse hecho realidad su deseo la habría sacado rápidamente de la alcantarilla y blandido sobre la cara de Wotan, que ya estaba pidiendo otra birra a la vez que golpeaba el mostrador.

La Sangre del Poeta tenía menos clientes de lo normal. Águila Juan les invitó a pasar a la trastienda. Tras el saludo-taconazo de rigor, el muchacho señaló la fotografía del Führer, como si fuera una divinidad.

—Él nos ha ayudado a escapar.

—¿Y a Teo no? —protestó Manu—. Teo es uno de los mejores.

—Lo será, lo será —dijo Águila Juan asintiendo con la cabeza—, pero necesita el dolor para conocer bien el odio. Sólo así conseguiremos ofrecer a la sociedad la revolución que precisa de nosotros.

—¿Qué revolución? —preguntó Manu todavía indignado por la ausencia de Teo.

—Lo sabes perfectamente, Manu, la revolución nacionalsocialista. La única que puede salvar a este mundo capitalista y ateo, a este mundo de masones, judíos y comunistas.

A Manu le aburrían todas esas teorías políticas de las que entendía más bien poco. ¿Qué le importaban a él los masones o los judíos? ¡Todos juntos al crematorio y en paz! Pero Águila Juan no desaprovechaba la menor oportunidad de dar una lección. Y aquélla, con las manos aún calientes, parecía ser de las buenas:

—El nuestro es un nacionalismo revolucionario, que nada tiene que ver con el de los católicos integristas, ni con el de los que van contra el aborto o el divorcio. La nuestra es una rebelión positiva, no negativa como la de los *punkys* y demás fantoches. ¿Adónde vas?

Manu salía por la puerta sin despedirse. Ya estaba harto de tanta monserga y él tenía que hacer algunas cosas.

En la calle hacía frío y estaba comenzando a caer la niebla. ¡Mejor!, de esta forma pasaría más desapercibido y además podría pensar tranquilamente sobre lo que tenía que hacer. La zona de Argüelles, pese a la derrota del Real Madrid, estaba llena de gente joven. Cosa normal en un fin de semana. Pero por las calles no sonaban las bocinas de alegría, y la Cibeles no habría recibido la visita de los exultantes aficionados.

Manu sintió que le empezaba a doler la cabeza. Los pensamientos se le amontonaban como los equipajes en la baca de un coche viejo. Hacía tiempo que se había quitado el pasamontañas, agradeciendo que el frío viento acariciara su piel desnuda. ¿Dónde estaría Teo? ¿Detenido, herido, escapado, apaleado, escondido? ¿Dónde estaría Eva? ¿Estudiando, ya durmiendo, con el baboso árabe? ¿Y el moro de los cojones, dónde estaría? Tal vez con los suyos, tal vez solo, debajo de un puente, o hacinado en una habitación, como los monos en el zoológico, seguro.

Ya no le importó haber perdido la navaja (a fin de cuentas se podía hacer con una nueva en cualquier tienda, sin permisos ni zarandajas), pero sabía que lo que tenía que utilizar la próxima vez era el arma que estaba en su casa, bajo una baldosa del cuarto de baño.

Un borracho tropezó con él y se le quedó mirando con ojos perdidos.

—¿Me das algo, un cigarrillo, veinte duros para una birrita, un beso?

El borracho bromeaba, sin saber muy bien lo que decía.

Manu le dio algo: primero un cabezazo en la frente, con tal violencia que él mismo se hizo daño. Como para castigarle por el dolor que estaba sintiendo sobre las cejas, de inmediato le clavó su puño cerrado, nudillos y acero, en el estómago. No dijo nada, aunque pensó mientras se alejaba: «Esto es lo que te doy; ¿quieres algo más?».

Aquel individuo le había puesto de pésimo humor. Por unos instantes echó de menos al grupo. A pesar de que había sido él quien había elegido estar solo, sabía que en grupo se podían hacer cosas mucho más efectivas. Los ataques eran más rotundos, el miedo que provocaban en los demás infinitamente más intenso, casi se podía oler. Eso era estupendo. Además, en grupo los riesgos eran menores. Porque ¿qué pasaría si de repente se veía rodeado por un grupo de *rockers* o de Ángeles del Infierno?

¡Bah!, pensó, eso sólo ocurre en las películas americanas. Allí, en Argüelles, en Madrid, en las afueras de Madrid, los que mandaban eran ellos. En eso Águila Juan tenía razón. Eran los más fuertes no sólo por sus puños, cadenas y porras, sino también porque sabían contra quién luchaban.

El frío le sentaba bien. El dolor se aplacaba y las ideas iban cobrando su forma. Manu empezó a ver claro que, para llevar a efecto lo que estaba pensando, lo importante era no precipitarse. El siroco que a veces se apoderaba de él, en un caso así, sólo serviría para crearle problemas.

De momento, Teo. En realidad era el único del grupo que le gustaba. Los otros hablaban demasiado, uno con sus teorías y el otro con su boca sucia. Pero Teo le observaba y callaba. Así tenían que ser los *skinheads* tal como él los concebía. Nada bocazas y efectivos cien por cien. Algún día, se dijo, él sería el cabecilla, y sin tanta bandera con cruz gamada, tanto saludo nazi o fotos del pasado llevaría a su pequeños ejércitos a barrer la basura de Madrid. En primer lugar a los de piel oscura: negros, moros y, los más próximos, los que se creían españoles no siendo más que un puñado de ladrones y *camellos,* los gitanos.

Gitanos los había a puñados, eso era lo malo. Lo bueno era que las chabolas solían estar hechas de madera y cartón, y que ardían de maravilla.

Manu cerró por un momento los ojos y vio la escena de una película que se le había quedado para siempre grabada en su memoria. Misisipí. De noche. Unas sombras blancas se acercan a una cabaña junto al río. Las sombras blancas visten una especie de túnicas y cubren sus cabezas con cucuruchos. En sus pechos llevan bordadas tres letras iguales: KKK. Silenciosamente, uno de los del Ku Kus Klan rocía con gasolina las paredes de la cabaña. El resto, la mitad del bidón aproximadamente, lo vierte en el río, que allí forma un remanso, por lo que la gasolina queda flotando. Luego los encapuchados clavan una cruz en el suelo y le prenden fuego al mismo tiempo que a la cabaña, en la que se escuchan alaridos.

Del interior, horrorizados, salen una mujer negra y sus hijos, más negros todavía. Entre llamas, invadidos por el terror, parecen teas. Al ver frente a ellos a los del Ku Kus Klan, quieren escapar por el río. Piensan que el agua apaga el fuego. Pero aquella parte del río no sólo tiene agua, sino también una capa de gasolina incandescente. Los negros arden y se cuecen a un tiempo, ante la mirada aprobatoria de los miembros del clan y de Manu, su espectador cinematográfico, que mentalmente cambia la localización y los actores. En lugar del Misisipí, el Manzanares. En lugar de negros, gitanos.

A la salida del local, pudo escuchar una tímida protesta de una señora, enjoyada y bien cardada. «¡Pobrecitos!», exclamó, pensando sin duda en los niños de la película. Y Manu estuvo a punto de enfrentarse a ella: «Señora, los pobrecitos seremos nosotros como ellos sigan invadiéndolo todo. ¿Le gustaría a usted que su hija se casase con un mono de la selva?». Pero no había dicho nada, porque la eficacia se demostraba actuando contra los objetivos directos, y no arrancándole el pelo a una estúpida mujer que se iba al cine después de haber merendado tortitas con nata junto a sus amigas.

—¡Teo!

Estaba frente a él; al doblar una esquina se lo encontró de cara. Teo intentó sonreír. A pesar de que tenía los pómulos hinchados, los labios rotos, la mano vendada y una herida en la cabeza, cerca de la sien izquierda, intentó sonreír.

—¿Has venido a buscarme?

Manu ni afirmó ni negó nada. En su interior le gustaba ver que su alevín estaba libre, pero no deseaba exteriorizar ese sentimiento que le parecía poco masculino. Un hombre no debe mostrar ternura jamás. Sus ojos estaban fijos en la mano vendada, como si aquella herida fuera la única de su compañero.

—El perro policía —explicó Teo queriendo mantener su sonrisa, con lo que su cara se transformaba en una mueca por culpa de los golpes—. El hijoputa del perro me ha tenido bien agarrado. Algún día le sacaré yo a él las tripas.

—¿Te han soltado? —preguntó Manu sin saber muy bien si Teo estaba allí de forma legal o porque se había escapado de los maderos.

—Me han soltado. Pero después de darme un buen repaso —dijo Teo pasando su mano por las heridas de su rostro—. Dicen que si me vuelven a trincar, la próxima vez me llevarán al Tutelar de Menores. A veces ser joven tiene sus ventajas.

Las tenía, se dijo Manu, claro que las tenía. Lo que hubiera dado él por tener los quince años recién cumplidos de Teo, y no las veintitantas castañas que le pesaban como si fueran de plomo.

—¿Te han hecho hablar?

—¡Bah!, lo de siempre, que cuántos somos, que quiénes somos, que dónde nos reunimos. Lo que ya saben.

—Y tú has contestado lo de siempre —dijo Manu como si estuviera hablando consigo mismo.

—Claro: que no somos un grupo, que me encontré con vosotros en el bar por casualidad, que me encantan los catalanes, que mi abuelo trabajó en la recolección de fruta en Lérida, no en Lleida como dicen los otros, Lérida, así, en cristiano. Eso le gustó al comisario, que además creo que era del Real Madrid y, en el fondo, estaba encantado de que le hubiéramos dado un repaso a los culés. Lo malo es que...

Teo vaciló. Por primera vez pareció sentir el frío de la noche.

—¿Ha pasado algo más?

—Nada. Pero es que si llego a casa con este aspecto, mi vieja...

—Vente a la mía —dijo Manu, arrepintiéndose casi de inmediato de haberlo dicho.

—¿Puedo, seguro, estás solo?

En los ojos de Teo se notaba algo más que la alegría de que su amigo le ofreciera algo tan suyo.

—Tal vez esté mi hermana, pero ésa no dice nada. Y si abre la boca, peor para ella.

—Únicamente esta noche, ¿eh? —dijo Teo, que parecía no haber escuchado las últimas palabras de su amigo, las amenazas—. El caso es limpiarme un poco, lavarme la sangre de la camisa, todo eso.

—A propósito, ¿se sabe lo que pasó con los del bar?

—Nada; la sangre es muy aparatosa, pero nada más. Si hubiera sido gordo, no salgo esta noche, tal vez no hubiera salido nunca.

—¡Lástima! —murmuró Manu pensativo. Tanto ruido para tan poco, lástima. Luego miró a Teo—. Pero me alegro por ti. Tendremos que ir andando. El metro ya está cerrado.

—Ni soñarlo.

Teo, como sin duda lo haría un felino en la sabana al acecho de su víctima, lanzó una mirada a su alrededor, entornando los ojos. Por allí había montones de motos, todas ellas encadenadas, con el seguro de acero protegiendo sus ruedas, sus manillares. Pero en ese momento apareció el de *Telepizza.* Sin duda iba a hacer una entrega, o acababa de hacerla.

Teo no se lo pensó dos veces. Cogió una mesa de una terraza y se colocó en medio de la calle. Ante la brusca aparición, el telepizzero hubo de frenar bruscamente, saliendo inmediatamente despedido hacia la acera al recibir el impacto de la mesa en el pecho. Aún no sabía bien lo que había sucedido cuando, a través de la abundante sangre que manaba de una ceja rota, entrevió cómo su vehículo se alejaba con dos personas encima. Entonces notó que apenas podía respirar, que le dolían las costillas y que éstas parecían querer reventarle los pulmones.

Manu y Teo, riéndose como si acabaran de ver una película cómica, se perdieron en la noche de Madrid, dirección Vallecas Villa, La Revoltosa, calle con nombre de zarzuela.

* * *

Sin saber muy bien por qué, Manu se apuntó al gimnasio en que solía entrenarse Águila Juan. Éste muchas veces le había animado a que le acompañara —decía que allí había tíos muy majos—, pero Manu siempre había deseado ir por libre, practicar en la Casa de Campo, o dándole patadas a los árboles del Retiro, o ejercitándose con las farolas de la plaza de Colón. Pero de repente, tal y como solía aparecer el siroco en su cabeza, Manu sintió la necesidad de ir a ese gimnasio. Tal vez para ponerse en forma, tal vez con el propósito de, llegado el momento, tener alguna coartada.

En *La Sangre del Poeta* nadie se responsabilizaba de nadie. Cuando había redadas o simplemente inspecciones, los de allí solían encogerse de hombros, decir que no sabían nada de los clientes, por muy antiguos que fueran. En cambio, en un gimnasio solía existir más solidaridad.

Manu sudó el primer día todo lo que tenía que sudar y un poco más. Contemplaba aquellos cuerpos musculosos, levantando pesas, saltando a la comba, apalancados en los aparatos, trabajándose sin descanso. Él no deseaba tener esos físicos de culturistas ni de cachas. Sólo deseaba estar más en forma, para acertar en todo lo que tenía que hacer pronto, ya, de inmediato, y no fallar. Luego, en las duchas, volvía a ver a los atletas desnudos, y no sentía envidia; sólo sorpresa al comprobar que no todos los sexos estaban en consonancia con el tamaño de los bíceps, y que algunos de los que parecían muy brutos y masculinos, al quedarse desnudos, se comportaban como damiselas en celo. Maricones.

Manu tenía que cerrar los ojos para no machacar allí mismo a aquella escoria. Tendría que preguntarle a Águila Juan que por qué iba a aquel gimnasio. Pero la respuesta se la dio el mismo Águila Juan manejando los bastones y cadenas, en sus clases de artes marciales. Él iba allí como si estuviera de maniobras, un lugar discreto para el aprendizaje de un soldado como él.

A Manu el gimnasio le venía estupendamente porque salía cansado, y así caía en la cama como un fardo, sin molestarse siquiera en echar una ojeada al dormitorio de su hermana. Eso era bueno, porque de lo contrario tal vez la habría cogido del cuello —estuviera vestida o desnuda— para que le confesase todo lo del moro, quién era, dónde vivía, qué clase de vida llevaba. Mejor así, investigar discretamente, sin una violencia que luego podría volverse contra él. Como había visto hacer a los ricos y a los políticos en las películas de la tele.

Además, localizar y seguir a uno de esos inmigrantes era no sólo fácil, sino además estimulante. Como si olfatease su presa, como si todo el proceso de persecución y acoso fuera tanto o más excitante que la caza en sí misma. Los disparos suelen durar tan poco...

—Hace días que no vas por *La Sangre* —le dijo Águila Juan mientras hacía crujir sus dedos, preparándolos para la clase de defensa personal.

—Tengo cosas que hacer —respondió Manu sin ganas de dar más explicaciones.

—No me digas que has buscado un trabajo —se mofó el otro.

De haber sido Wotan, Manu sin duda le habría atizado un buen rodillazo allí donde más duele. Pero Águila Juan era diferente.

—No es eso, son cosas mías.

—Pues piensa más en lo que esto representa —dijo señalando la Cruz de Hierro que continuaba colgada de su pecho— que en ti.

—Ya.

Aquella tarde, Manu golpeó el saco terrero como si fuera el mismísimo Casius Clay, el primitivo, el de antes, porque luego se convirtió a una religión que le cambió de nombre. Mohamed Alí. Manu pensó que aquel saco terrero era el propio Casius Clay, negro y moro a la vez. Un total desperdicio para la raza humana.

Buscó por la zona del estanque del Retiro, donde los había de todas las tonalidades oscuras. Buscó por Chueca y sus alrededores. Buscó y fue encontrando pistas. Supo lo de la plaza Mayor, supo lo del puente de Méndez Álvaro, y lo de la redada del distrito de La Latina. Hasta hubo alguno que, al verle solo, intentó hacerle frente.

—Si quieres saber algo, pelón de mierda, vuelve con los tuyos —le dijo un chaval con cara de mono africano.

Manu estuvo a punto de dejarlo estar; a fin de cuentas tenía el convencimiento de que aquel pedazo de basura no sabía nada que pudiera servirle para sus propósitos. Pero tampoco podía permitir que un macaco se le subiera a la chepa. Lamentó no haber comprado, o afanado, una nueva navaja barbera. Hizo como que se daba la vuelta, como que se agachaba para atarse las botas; pero es que había visto una botella rota a sus pies, el casco de una bebida cualquiera, cristales afilados, con forma de corona de espinas. Se la clavó al mono entre los ojos, apretando y girando la mano al mismo tiempo. No se quedó a ver si le había dejado ciego o simplemente con la cara destrozada. No le importaba el mundo. Sólo una persona, o dos. Eva, porque tenía que protegerla incluso de sí misma. Y el maldito moro del que Wotan le había estado susurrando al oído durante semanas: «¿No vas a hacer nada?», «¿Vas a seguir con los brazos cruzados?», «¡Caña al negro sin piedad!». Y luego, en otro tono de voz, asqueroso como sólo él sabía serlo, entre chicle y babas: «¿Te imaginas a tu hermana sobada por eso? ¿Desnudada por eso?».

Manu se alegró de haber machacado al negro que ahora, gracias a la sangre, estaría cambiando de color. Eso es lo que tenía que hacer con todos los que se cruzaran en su camino, con todos los que no aceptaran su forma de ser.

—¡Eh, tú, párate!

Manu, en un principio, no supo que se dirigían a él.

Acababa de entrar en el metro por el sistema de siempre, un salto sobre las barras de control, y adentro. Y ahora dos chulos de uniforme pretendían pedirle explicaciones. Tendría que hacerse con un vehículo, como había hecho Teo con la moto del pizzero, o Águila Juan mucho tiempo atrás con el Citröen cascajo. Lo malo de eso es que había que echarles combustible y eso costaba una pasta.

—¡Eh, tú, quieto ahí!

Manu empezó a sudar. Una cosa era pegarle a un macaco

—resultaba emocionante y además era lo que había que hacer— y otra enfrentarse a dos tíos armados con cara de mala leche. Ahora sí que echó de menos al grupo, incluso no le hubiera importado tener a Wotan a su lado. Estaba tan loco que hubiera sido capaz de arrebatarle el revólver a uno de ellos y disparar contra el otro mientras ellos escapaban.

—¿Quién te crees que eres, el hombre invisible? —dijo el que parecía el jefe, y que usaba gafas de sol a pesar de que se encontraban dentro de los túneles del metro.

Manu no respondió. Sabía por experiencia —por ejemplo cuando él llevaba la voz cantante y los que tenían miedo eran los demás— que hablar en esos momentos excitaba a los que tenían la fuerza de su lado. Pero les miró. Antes de que pudiera reaccionar, recibió un bofetón y fue arrojado violentamente contra la pared y cacheado. No llevaba nada. Ahora se alegró de haber arrojado la navaja por la alcantarilla. Los del servicio de seguridad, tal vez porque no tenían ganas de monsergas, o acaso porque la gente estaba empezando a detenerse a contemplar la escena y eso podría complicarles las cosas, decidieron simplemente expulsarle.

—¡A la puta calle! Si quieres viajar en metro ya sabes dónde están las taquillas.

Manu se sintió humillado y dolorido. Aquella tarde, en el gimnasio, sustituyó la cara de Mohamed Alí por la del tipo con gafas de sol. Y le golpeó, le golpeó, una y otra vez, fuerte, duro y sin descanso, hasta que se despellejó los nudillos, dejándoselos en carne viva.

Por la noche, como si el destino se aliara con su siroco, Wotan, con una sonrisa de reptil, le señaló a Saïf.

—Mira.

A Manu no le importó que el destino eligiera a Wotan; lo mismo le hubiera dado que fuera la mano de Dios o la del Führer de Águila Juan quien pusiera ante sus ojos la presa que había estado buscando. Lo había encontrado y eso bastaba. De esta forma Manu vio por primera vez al muchacho árabe que salía con su hermana. Llevaba una parka azul marino y un inconfundible gorro de lana color granate.

5 *Eva*

—¿ESTÁS segura?

—Segura —te dijo Virginia con una sonrisa de satisfacción, como si fuera ella, y no tú, la que iba a estar con su chico.

—No quiero crearte ningún tipo de problema —replicaste tosiendo. Aquella mañana te habías levantado algo acatarrada, te dolía un poco el pecho y la garganta te picaba como si hubieras estado fumando, algo que nunca hacías, ya que te molestaba incluso que fumaran a tu lado.

—Pero, Eva, dime, ¿qué otro sitio hay? ¿En tu casa con tu hermanito? ¿En la mía con mamá? ¿Bajo un puente con el frío que hace? ¿En una pensión como si fueras una...?

Virginia te ofreció la llave que resplandecía en su mano como si fuera la llave mágica de un cuento de hadas.

—Además, es un lugar precioso, parece un bosque; y se está muy calentito, que con lo que está cayendo...

Aguanieve. Caía aguanieve. Los coches utilizaban sus limpiaparabrisas y algunos incluso habían encendido los faros a pesar de que sólo era media tarde.

—A medianoche, ya sabes. Cerramos al público y luego tú, vosotros...

Quisiste no darle importancia a lo que tu amiga te ofrecía, como si fuera algo natural, cuando para ti era la primera vez, es decir, la única vez.

—¿Y hay gente que compra a esas horas? —Tosiste de nuevo, mientras se empañaban ligeramente tus ojos. Aquella tos era molesta.

—Chica, con las navidades encima todo el mundo se vuelve loco, que si abetos, que si muérdago, de todo. Es un negociazo, ya te digo. Si yo tuviera pasta pondría un vivero.

—Pasta... —te quedaste pensativa—, si yo tuviera pasta me iría con él. O mejor, no le dejaría irse, compraría un palacio y nos encerraríamos dentro.

—¿Y su familia?

—Me la traería —bromeaste—. El palacio sería muy grande y cabríamos todos.

—Me parece que con ésos más que un palacio tendrías que comprarte una mezquita.

—Lo que sea. Pero como no hay pasta tampoco hay sueños.

Los había, concentrados en esa llave pequeña, plana y brillante.

—Cógela —te insistió Virginia.

—¿Y tú?

—He hecho esta copia para ti. ¿No ves lo nueva que está?

Sentiste una oleada de emoción. Virginia, tu compañera en el supermercado, la feúcha, pensaba tanto en tu felicidad, que había hecho una copia de la llave para ti. La abrazaste sin saber qué decir. Sólo te salió una palabra del corazón:

—Gracias.

—Venga, no seas tonta, no irás a llorar ahora —te dijo Virginia ofreciéndote un pañuelo de papel.

—Es por la tos... —dudaste antes de expresar en voz alta lo que estaba pensando—. Pero ¿y él?

—¿Él qué?

—¿Qué dirá?

—¡Qué va a decir! Te dará un beso como éste.

Virginia te besó al mismo tiempo que subía la cremallera de tu parka.

—Abrígate, hace frío.

—Está a punto de nevar.

—Cuida esa tos.

—¿Qué hora es?

—Aún quedan unas cuantas hasta las doce de la noche.

Las dos sonreísteis, sabedoras de que a partir de ese momento erais mejor amigas que antes si cabe.

Los clientes del supermercado estaban sorprendidos de tu amabilidad. «Sí, señora, como usted quiera, señora, felices fiestas, señora, que sea usted feliz.»

Nadie se marchaba sin tus frases de cariño. Hasta ese momento, las navidades para ti eran únicamente motivo de más trabajo. Las compras se acumulaban y en muchas ocasiones os pedían que os quedarais más tiempo del debido para cerrar las cajas. Naturalmente esas horas extras no os las pagaban, pero ¿quién se iba a atrever a protestar, con el paro que había? Solamente cruzaste los dedos para que aquella tarde, ya casi noche, no salieras muy tarde. Estabas deseando ir a la academia. Sabías que Saïf, a pesar de su situación cada vez más precaria, no faltaría. Ibas a decirle que estabas dispuesta a cualquier cosa para seguir a su lado, que irías a protestar a una asociación contra la xenofobia, que denunciarías a los policías racistas, que no ibas a dejarle ni un minuto a solas, aunque eso supusiera tener que faltar unos días al trabajo, e incluso enfrentarte con tu hermano, que llevarías el caso hasta el Defensor del Pueblo si era preciso, todo para evitar que tuviera que subirse a un avión marroquí camino del desierto. Necesitabas el calor de su nombre sobre ti como una manta de amor. Le esperaste en las escaleras de la academia, necesitabas verle a solas, no delante de los demás alumnos, no podías esperar a que la clase terminase.

—Saïf...

—Hace mucho frío —bromeó frotándose las manos sin guantes—. En mis montañas también nieva, pero luego bajas y te encuentras los oasis y las dunas.

Entonces tú hiciste con él algo que te había enseñado el día en que os conocisteis. Tomaste sus manos, las introdujiste bajo tu parka, bajo tu jersey y camisa, hasta acogerlas bajo tus cálidas axilas. Al hacerlo, inadvertidamente, una de ellas rozó tus pechos, y tú te estremeciste.

Poco a poco, como si el tiempo quisiera ocultaros a la vista de los demás, comenzó a caer una densa niebla sobre Madrid. Y el aguanieve era cada vez menos agua para ser, cada vez más, nieve. Los primeros copos blancos se habían depositado sobre los hombros y el gorro granate de Saïf, que tú mirabas como el primer día.

—Vámonos.

—¿Adónde?

—A cualquier sitio, a hacer tiempo.

—¿Cómo se hace tiempo? —quiso saber Saïf no entendiendo muy bien el significado de tu propuesta.

—Anda, vamos —sonreíste antes de besarlo—, te lo explicaré por el camino.

Abandonaste el portal tan fundida con él, que no pudiste ver que alguien os observaba y os veía entrar en un bar que hacía esquina.

Manu, escondido detrás de un camión de reparto, sintió que sus ojos se cegaban. ¿La niebla, los copos de nieve, tal vez el siroco? Mecánicamente, como si lo tuviera preparado, detuvo un taxi con la mano. El conductor vaciló al ver su cráneo rapado, pero no pudo hacer nada por impedir que Manu subiera al vehículo, ya que un semáforo en rojo había detenido la circulación por unos momentos.

Manu —luego lo supe con todo detalle— pidió al taxista que le condujera hasta la calle de La Revoltosa. No estaba lejos de allí, pero tenía mucha prisa. Le ordenó esperar. El taxista seguramente dudó en hacer lo que el extraño cliente le pedía, o escapar aprovechando que estaba solo. Pero, según confesó después, algo le retuvo. Tal vez la curiosidad, o la necesidad de cobrar la bajada de bandera, la profesionalidad en suma; que si no le había pasado nada a la ida, ¿por qué le iba a pasar a la vuelta? Las calles, además, estaban bastante concurridas, si hubiera sido en un descampado otro gallo hubiera cantado. Lo que el taxista no sabía es que Manu había subido a su piso desarmado, pero había bajado con una 9 mm *Parabellum* en su bolsillo. Cargada.

Después de pegar una patada a la escobilla del retrete, después de levantar la baldosa del suelo como lo haría un preso desesperado porque le fuera en ello la libertad, Manu extrajo la pistola y comprobó que todas las balas encajaban en su sitio. Los sonidos metálicos del arma le aliviaron el dolor de cabeza que había empezado a apoderarse de él. Sentía cómo palpitaba la vena de una de sus sienes y hubiera dado cualquier cosa por detener aquel terrible latido. Para calmarse o quizás para darse ánimos, apuró el contenido del frasco de alcohol de 96° que teníais en el botiquín del cuarto de baño. Luego ordenó al taxista volver al sitio de partida, algunas manzanas más allá. Y, cosa extraña, le pagó. En otro momento, sin duda, habría salido por las buenas del vehículo, y ante las protestas del conductor le habría hecho comprender que tenía que acatar su voluntad por las malas. Pero de forma mecánica, sin mirarle siquiera, sin esperar la vuelta, tu hermano le había pagado la carrera. Mientras tanto tú seguías con Saïf en aquel bar, ahora con los cristales empañados por el frío de la calle y el calor de dentro. Saïf, una vez más, inclinó la cabeza para mirarte. Tú, una vez más, le besaste. Manu, apretando los dientes, con las manos en los bolsillos de su chupa, sonrió con amargura. Aún estabais allí, no os habíais desvanecido como había temido que sucediera. Respiró profundamente, sabiéndose cerca de su misión, de una misión a la que se había comprometido desde que el Wotan aquel de los cojones le hablara de ti. Se sentía seguro y muy convencido. Entonces escuchó el ruido de un motor a sus espaldas. Se volvió bruscamente, a punto de utilizar la pipa contra quien fuera, cuanto más autoridad mejor.

—¡Hola!

Teo estaba a horcajadas sobre la moto de *Telepizza,* a la que había arrancado la caja donde llevaban los pedidos, sustituyéndola por un viejo sillín de bici atado con cinta adhesiva.

—Vete —le dijo al muchacho, que aún conservaba la venda cubriendo la mano mordida por el perro policía.

—¿Por qué?

—Tengo que ir solo.

—Yo únicamente te llevo y te traigo. Lo que luego tengas que hacer es cosa tuya —le dijo muy seguro de sus palabras—. Si sólo quieres que espere, pues espero y ya está.

Manu echó a andar, pero se detuvo a los pocos pasos. La cabeza le dolía, la pistola le pesaba, sus ojos parecían velados por la niebla y el frío. Se dio la vuelta y miró fijamente a Teo, que sonreía con inusual seguridad. A continuación se montó en la parte trasera de la moto.

—Está bien —es todo lo que dijo.

Pero él, haciendo un esfuerzo por divisar la escena que dentro de poco se iba a realizar ante sus ojos, sabía que no estaba tan bien como decía; que, por el contrario, aquella decisión podía llevarle directamente al infierno. Aunque, para un cabeza rapada como él, el infierno quizás fuese el sitio donde se podía encontrar más a gusto. ¿No es así, Eva?

6 *Saïf*

HOY me he pasado todo el día encerrado en casa, escribiendo y pensando. Tengo que acabar la carta que le he escrito a Eva y que quiero que lea cuando ya me haya marchado. Si le gusta lo que le digo, será como un pasaporte de regreso. Un compromiso para volver a España, o una invitación para que ella venga a mi casa.

Lo único que sé es que la quiero y que a partir de hoy mismo no puedo vivir sin ella. Es absurdo, ¿verdad? Casi no nos conocemos, apenas hemos cogido nuestras manos o juntado nuestros labios unas cuantas veces, pero cuando miro en sus ojos siento como si me sumergiera en las arenas del desierto, cálidas, acogedoras, infinitas.

Hoy seguramente la veré en la academia y se lo diré. Le diré que la quiero, y también que pasado mañana me voy. No voy a agotar el plazo, me sería imposible pasar la última noche del año a su lado, sufriendo, viéndola sufrir. Así, cuanto antes me vaya, antes podré poner en orden mis cosas —papeles, mi cabeza, mi corazón— y regresar. Estoy seguro de que, como dicen aquí, «año nuevo, vida nueva». Y que cuando llegue enero todo mejorará. Habré hablado con mi padre, le explicaré lo que siento y que no quiero renunciar a ella.

Mi casa de Madrid, siempre tan llena de gente, hoy me ha parecido un cementerio. Alí y los demás se han ido a ganarse la vida —repartiendo publicidad, vendiendo revistas por la calle, ofreciendo alfombras o relojes de baratija, negociando con tabaco de contrabando...— y sólo se oye el sonido de mi bolígrafo al deslizarse por el papel.

Bueno, el bolígrafo y la música que tanto me gusta y que hoy he podido escuchar sin auriculares, a todo volumen.

Eva. Me gusta su pelo corto; parece un chaval, tan encantadora, tan frágil, pero al mismo tiempo tan fuerte. No sé cómo explicarlo.

El sol brota en el horizonte,
la arena se incendia,
las sombras empiezan a desvanecerse
en el calor que nace,
y yo te miro.
Te miro, Eva, como lo hace el sol
con la arena,
como lo hace la arena con la sombra,
la sombra con el horizonte.
Entonces lo comprendo, Eva:
Mi mirada no es sólo mirada,
es amor.
Mi amor no es sólo amor,
es mi vida a tu lado.
Mi vida es el horizonte que se divisa
a lo lejos.
Entonces lo siento, Eva:
El único horizonte de nuestras vidas
está allí, precisamente allí,
en el horizonte.
El viento sopla donde quiere,
pero siempre, siempre,
me acerca más a ti.

No sé si me atreveré a entregárselo. Es el primer poema que escribo en mi vida, pero he sentido tal necesidad de hacerlo que me ha salido de un tirón. Me ha bastado pensar en Eva para escribirlo. Ahora estoy deseando volver a verla para dárselo en mano, o, si no me atrevo, para meterlo en la carta que ella leerá cuando yo esté lejos.

Si hubiera alguien en casa, y no yo solo con mi bolígrafo y mi música, le diría a gritos: la quiero tanto.

Y nadie se atrevería a preguntarme su nombre porque todos lo conocen. Ella se llama Eva.

7 *Manu, Eva, Saïf*

MANU

La moto de *Telepizza* seguía al autobús —último del día, búho municipal— a algunos metros de distancia. Aunque la niebla era cada vez más espesa, Manu no quería que Teo se acercara más por temor a que su hermana le reconociera.

—Más despacio.

—Lo vamos a perder —dijo Teo, que tenía dificultades para manejar una moto que de vez en cuando le patinaba.

Pero el autobús no parecía tener prisa. De parada en parada iba soltando su cargamento humano hasta completar su recorrido. A pesar de lo tarde que era, ya medianoche, iba bastante lleno. Tal vez porque era el último y la gente no quiere coger un taxi, con lo caros que son.

—¿Adónde irán?

—Ni puta idea —dijo Teo.

Manu pensó que si el conductor fuera Wotan, seguro que le llevaba al lugar exacto. Porque mucho se temía que aquel baboso había seguido a su hermana en más de una ocasión. Si no, ¿cómo es que sabía tantas cosas de ella?

—No lo pierdas de vista.

—Eso está hecho.

Manu clavaba sus ojos en la ventanilla empañada del vehículo que les precedía. No era difícil distinguir a la pareja porque, a pesar de la gente, en todo el autobús sólo una persona llevaba un gorro de lana color granate.

—Un gorro de lana —dijo a media voz, haciendo que Teo se volviera.

—¿Qué dices?

—Nada, tú conduce.

Teo había tenido que hacer un zigzag para evitar un patinazo sobre una zona helada. En las afueras, la carretera dejaba mucho que desear y los baches eran constantes.

El frío crecía conforme avanzaba la noche, una noche en la que cuando la niebla dejaba ver el cielo se podían contemplar estrellas luminosas. Pero la niebla era cada vez más intensa que las estrellas.

—¡Para, para!

Teo frenó en seco, casi al mismo tiempo que el autobús lo hacía en una parada de la que no se veía marquesina ni nada.

Descendió un grupo de gente. Manu comprobó que el gorro granate de lana continuaba dentro.

—Sigue.

El tubo de escape de la moto hacía un ruido espantoso y a Manu se le antojaba que aquello era como una alarma que ponía en sobreaviso a todos los que se cruzaban con ellos.

No era así.

Los iluminados pilotos del autobús se alejaron.

—¡Arranca!

La moto se había calado y Teo no era capaz de ponerla en marcha de nuevo.

—¡Arranca o te mato! —exclamó Manu pensando en bajarse y echar a correr tras el vehículo, del que casi ya no se veía nada.

El motor ronroneó de nuevo y la moto siguió a su presa.

* * *

EVA

Viste descender a Saïf del autobús, y sentiste que era como si aquélla fuera la verdadera despedida. Primero en el bar, y luego durante el trayecto hasta el vivero después, te habló de su país, de su familia, de música y poesía. Te confesó que había escrito una carta para ti, pero que no te la dejaba leer hasta que hubiera cruzado el mar y las montañas. Sentía pudor al sumergirse en tus ojos, estremecimiento al coger tus manos.

—¿Tienes algún mal? —te preguntó Saïf en su defectuoso español al ver que tosías de vez en cuando.

—Hace tanto frío. La casa está helada; a las horas que llego ya no enciendo la estufa, y luego tengo la manía de levantarme en camisón, como si estuviera en pleno verano.

—Estás loca —te contestó Verano quitándose el gorro de lana granate y cubriendo con él tu cabeza.

Te acurrucaste junto a él.

—Te voy a echar tanto de menos.

—Será poco tiempo, seguro. Yo escribiré, tú escribirás, ¿seguro?

—Seguro, mi querido Verano.

—Tengo vergüenza —dijo de repente Saïf.

—¿Por qué?

—Por tu amiga. ¿Qué pensará de nosotros?

—¿Virginia? —te echaste a reír—. Ella es la que me ha dado la llave. La idea es suya.

—Tiene que ser buena amiga para darte la llave.

—Me quiere. Quiere que sea feliz.

—Alguien puede vernos juntos.

Tal vez Saïf tenía razón y era mejor no entrar juntos en el vivero.

—Está bien, tú te bajas en la parada anterior y vas andando. No tiene pérdida, al fondo de la calle, cerca del final de trayecto, a la derecha, se ve desde la carretera. Un vivero grande. Yo iré primero, iré abriendo, te espero allí.

Mostraste una pequeña linterna que llevabas en el interior de tu parka azul marino.

—Haremos como en las películas de espías. Enciendo, apago, enciendo —dijiste jugueteando con la linterna, de la que salía un pequeño hilo de luz cada vez que dabas a su interruptor.

—¿Espías?

Saïf no había entendido muy bien y tuviste que volver a explicárselo.

—Enciendo, apago, enciendo.

Él se bajaría primero, seguiría la línea del autobús y llegaría al vivero. Para entonces tú ya estarías allí esperándole. Le abrirías la puerta como si fuera tu casa, para él, para los dos. Y a su lado verías amanecer. Te apetecía mucho ver amanecer, por primera vez, a su lado. Te dio mucha rabia que en esos momentos te entrara de nuevo la tos.

—Cuídate —te dijo Saïf—, me tienes que durar mucho —bromeó.

Te gustó lo que dijo y cómo lo dijo, sin utilizar mal los verbos, colocando cada palabra correctamente en su sitio. Le diste un rápido beso antes de que él se bajara con un grupo de gente, confundido entre la pequeña multitud. Había sido un beso fugaz, casi perdido en el aire por culpa de las prisas. Pero te dijiste que luego te resarcirías, en el vivero, fundiéndote en sus brazos, cálidos como su nombre.

Ya quedaba poco, muy poco.

* * *

MANU

Manu respiró profundamente a la vez que sonreía. Tenía suerte, mucha suerte. Sólo el muchacho había descendido del autobús. No necesitaría utilizar todo el cargador. Un perro comenzó a ladrar en el mismo momento en que Teo cortó el contacto de la moto.

—¡Maldito perro! —dijo mirándose la mano vendada, como si aquel animal fuera el mismo que la policía azuzara contra él.

El perro era un pastor alemán enorme, sujeto por una gruesa cadena a una pared de piedra.

Manu sacó la pistola de debajo de su chupa negra.

—¿Me dejarás una? —preguntó Teo sin quitar la vista del perro, al que parecía excitar la presencia de los dos compañeros.

—¿Una qué? —preguntó Manu sin mirarle, sus ojos fijos en la figura que se alejaba por el camino—. No tengo más que ésta.

—Una bala, la última, para ese hijoputa.

Teo disfrutaba de antemano pensando en que la cabeza del perro iba a saltar en mil pedazos, como si fuera una sandía estallada.

Comenzó a nevar con fuerza. A la niebla se unían los copos cada vez más densos.

—Mejor —murmuró Manu cargando el arma.

—No lo olvides, guárdame una.

Manu se alejó pisando la nieve con sus botas de puntera de acero. El crujido de sus pasos parecía proyectarse por el descampado que le acercaba cada vez más a su misión. Mientras avanzaba tuvo un flash en su cabeza —le seguía doliendo la sien, palpitando las venas— en el que veía *La Sangre del Poeta.* La trastienda, la cruz gamada, la marcialidad de Águila Juan antes de sus clases teóricas, y las babas de Wotan, el jodido David. Sólo al recordar el rostro de aquel individuo, sintió que el siroco soplaba con más y más fuerza, haciendo revolotear los copos a su alrededor, ante sus ojos, cegándolos. Apretó con fuerza la culata de la 9 mm *Parabellum.* Confiaba en ella. Confiaba en que no le fallase. Sólo confiaba en ella y en la moto de Teo para escapar. Con el dedo índice de su mano derecha acarició el gatillo. Notó que estaba duro y que tendría que apretarlo con fuerza para que escupiera su carga de odio y muerte.

* * *

EVA

Al abrir la puerta, que chirrió como si en lugar de cristal y aluminio fuera la de un castillo medieval, sentiste en tu rostro el calor del vivero. Era una bocanada de cálido aire húmedo, a la que poco a poco te acostumbraste. Incluso con cierto placer.

Allí dentro te sentías bien, muy bien, confortablemente bien. Pero estaba demasiado oscuro. Menos mal que habías llevado la pequeña linterna, porque encender las luces, que una hora antes había apagado Virginia, era de lo más arriesgado.

Nadie tenía que saber que estabais allí, y encender las luces hubiera sido como dar el cante a los curiosos. Incluso podía haberse acercado el vigilante de una obra cercana, cuyo perro había comenzado a ladrar insistentemente, tal vez alertado por algo o por alguien.

Miraste a tu alrededor, como si aquél, por vez primera, hubiera de ser tu nuevo, tu auténtico hogar. Elegiste un rincón, intentaste acomodarlo, para esperar impacientemente a Saïf. Sabías que con él iba a llegar el verano. No sentías miedo a la separación porque, aún sin explicártelo, estabas convencida de que estaba muy cerca de ti. Aunque, en aquellos momentos, lo necesitabas aún más cerca.

Sentiste un ruido y te volviste esperanzada. No era Saïf. Sin duda el crujido de alguna madera, el respirar de las plantas, los plásticos del vivero que acogían el húmedo calor vivificante. Te reíste al pensar que eras como una flor de invernadero, protegida del frío para que viviera a pesar de las dificultades. Con ayuda de tu pequeña linterna viste en un rincón, tras unas macetas apiladas, un rollo de gomaespuma. Serviría.

Te inclinaste a recogerlo, con el propósito de extenderlo en el suelo y poder estar más cómodos sobre aquel improvisado colchón. Tu último gesto fue el de ajustarte —¿acariciar?— el gorro de lana color granate.

* * *

Manu entró como una sombra entraría en el agua. Jamás se había movido con tanto sigilo. Estaba acostumbrado a la agresión, a la violencia de frente, por lo que hasta aquel momento desconocía cómo se filtra el viento por los resquicios. Pero no le costó hacerlo; bastaba con no quitar la vista de la nuca de su presa. La *Parabellum* por delante, la mano extendida, el dedo dispuesto a flexionarse sobre el gatillo.

Durante un momento se le nublaron los ojos. Imaginó a aquel sucio árabe abrazando a su hermana y el siroco se apoderó de él.

Le fue fácil, muy fácil disparar una, dos, tres veces.

Sólo esperó dentro del vivero lo justo para ver caer a su enemigo. Luego salió corriendo, con la pistola caliente aún en la mano, sin preocuparse siquiera de esconderla bajo la chupa negra de cuero.

—¡Vamos!

Le hubiera gustado hablar, decirle a su compañero que ya estaba hecho, que salieran a toda velocidad de allí, antes de que viniera alguien. Pero sólo le salió aquella palabra imperiosa, balbuceante. Sin embargo, Teo no parecía tener demasiada prisa.

—¿Me has dejado una?

Manu no pareció comprender. Sentía un gran vacío en su corazón, como si se lo hubiera arrancado con las uñas.

Teo ni siquiera se molestó en repetir la pregunta. Arrebató la pistola de la mano de su compañero y se acercó sonriente hacia el pastor alemán que ladraba aún más excitado, mostrando sus fauces llenas de babas y dientes. La bala le entró por el ojo derecho, arrojándolo con fuerza contra la pared de piedra en la que estaba encadenado. Teo escupió sobre su cadáver antes de guardar con decisión, sin consultar ni siquiera a Manu, su primera arma de fuego en la parte trasera de su pantalón. Luego arrancó la moto, que condujo en una dirección cualquiera, mientras sentía a sus espaldas los temblores de Manu, que se aferraba desesperadamente a su cintura.

La nieve, cada vez más espesa, iba borrando sus huellas conforme las producían. La nieve, cada vez más blanca, comenzó a cubrir el cadáver del perro, empapando su sangre. La nieve, cada vez más fría, congeló los cristales del vivero, produciendo una escarcha que deformaba la visión del cuerpo de Eva, caído de bruces sobre la colchoneta de gomaespuma, con dos balas atravesando su gorro de lana color granate. La tercera le había partido en dos la espina dorsal.

* * *

EVA

Así te encontré.

Por ti, por todas las víctimas de la violencia urbana, quise reconstruir tu historia. Ha sido doloroso, pero Saïf me ha ayudado mucho. Saïf ha estado siempre a mi lado, ayudándome, sufriendo, animándome, queriéndote.

Sabe que ahora, Eva, ahora que te has convertido en ave, estarás volando en busca del desierto, de los oasis, de las dunas rojas, de él.

* * *

El sol brota en el horizonte,
la arena se incendia,
las sombras empiezan a desvanecerse
en el calor que nace
y yo te miro.
Y te recuerdo
y te espero...

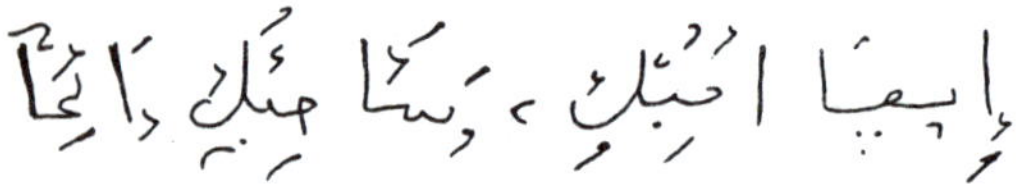

SAÏF